Нанайские сказки

나나이인 이야기

<지식을만드는지식 소설선집>은
인류의 유산으로 남을 만한 작품만을 선정합니다.
오랜 시간 그 작품을 연구한 전문가가
정확한 번역, 전문적인 해설, 풍부한 작가 소개, 친절한 주석을
제공하는 고급 소설 선집입니다.

지식을만드는지식 소설선집

시베리아 설화집

Нанайские сказки

나나이인 이야기

작자 미상

홍정현 옮김

대한민국, 서울, 지식을만드는지식, 2018

편집자 일러두기

• 이 책은 ≪Материалы по нанайскому языку и фольклору≫(А. В. Аврорин, Хабаровское книжное издательство, 1986), ≪Амурские сказки≫(Д. Д. Нагишкин, Хабаровское книжное издательство, 1974), ≪Гольды амурские, уссурийские и сунгарийские≫(И. А. Лопатин, Типография управления внутренних дел, 1922), ≪Северные сказки≫(Н. Е. Ончуков, Тропа Троянова, 1998), ≪Нанайские сказки≫(Э. Кастен, Культура народов Сибири, 2012)를 원전으로 옮긴이가 가려 뽑아 번역했습니다.

• 주석은 모두 옮긴이가 단 것입니다.

• 외래어 표기는 현행 한글어문규정의 외래어표기법을 따랐습니다.

차 례

피치 못할 징조 · 3
약자와 강자 · 9
금목걸이 · 15
요술 쌈지 · 20
명궁수 가르팜디 · · · · · · · · · · · · · · · · · 30
빼꾸기가 가져다준 재물 · · · · · · · · · · · · · · 47
용사 세누예 · · · · · · · · · · · · · · · · · · · 57
아이오가 · 81
두 형제 · 84
아름다운 아가씨 얄가하 푸딘 · · · · · · · · · · · 92
버드나무 · 103
소년 촉초 · 111
어리석은 부자 · · · · · · · · · · · · · · · · · · 122
개구리와 미녀 · · · · · · · · · · · · · · · · · · 129
멍청이 · 136
킬레 밤바와 용사 로체 · · · · · · · · · · · · · · 143

해설 · 163
옮긴이에 대해 · 173

나나이인 이야기

피치 못할 징조

어느 한 마을에 추르카와 피구나이카가 살고 있었다. 추르카는 아주 점잖은 사내라 말하기보다는 잠자코 듣기를 좋아했다. 대신 부인 피구나이카는 말하기를 즐겼다. 그녀는 꿈속에서조차 잠꼬대를 했다. 잠을 자다가도 주절대기 시작하면 얼마나 속사포처럼 떠들어 대는지 도무지 이해할 수가 없을 정도였다! 추르카는 부인의 고함으로 잠에서 깨면 옆구리를 치며 말했다.

"아이고, 여보, 대체 누구랑 얘기하는 거요?"

벌떡 일어난 피구나이카는 손으로 눈을 비비며 말했다.

"똑똑한 양반들이랑 대화하고 있었어요."

"그래도 그건 꿈일 뿐이오, 여보!"

"아무리 그래도 그런 양반들하고 꿈에서 얘기하는 건 좋은 일이잖아요. 내가 당신하고 말하는 건 아니니까요. 당신은 1년에 두 마디나 할까 말까 하잖아요. 그것도 타이가[1]에 가서나 말이죠."

추르카가 평소에 하는 일은 세 가지였다. 바로 사냥, 낚

---

1) 타이가 : 시베리아에 분포하는 침엽수림.

시와 담배를 말아 피우는 것이다. 또한 이 일은 아주 잘했다. 타이가에 사냥을 떠나면 친구들이 무력을 행사해 끌고 나오기 전까지 온 짐승을 쫓아다녔다. 낚시할 때 물고기가 안 보이면 직접 물에 뛰어들어 물고기를 찾아다녔다. 또한 추르카가 담배를 피우기 시작하면 연기가 뭉게뭉게 피어 하늘까지 올라갔다! 추르카가 집에서 담배를 피우면 온 마을 사람들이 어디서 불이 났냐며 여기저기 뛰어다녔다. 그리고 마침내 추르카의 집에 도착해 보면 그는 문턱에 앉아 담배를 피우고 있었다. 타이가에서 연기가 피어오르면 모두들 추르카가 무릎만큼 두툼한 담배를 피우는 것이라고 알아차렸다. 이전에 추르카의 담배 연기에 속아 숲에 불이 난 것으로 착각한 적이 여러 차례 있었기 때문이다.

피구나이카가 하는 세 가지 일은 말하기, 잠자기와 꿈 해몽이었다. 더구나 이 일은 기가 막히게 잘 해냈다. 말을 시작하면 모두를 지치게 만들었다. 이웃집 아낙네들은 그녀로부터 도망쳐 침대 밑으로 몸을 숨기곤 했다. 피구나이카에게 해방되는 가장 좋은 방법은 귀머거리 여인 코이니트를 그녀 옆에 앉히는 것이었다. 코이니트는 마치 알아듣는 것처럼 고개를 끄덕였다. 또한 피구나이카가 잠에 빠지면 그녀의 꿈이 끝나기 전에는 그 누구도 깨울 수가 없었다. 한번은 이웃 청년들이 침대에서 자고 있는 그녀를 숲으로 데려간 적이 있었다. 잠에서 깬 피구나이카가 주위를 돌아보자 사방이 숲이었다. 꿈속이라고 착각한 그녀가 중얼거렸다. "아이고, 이 멍청아! 이제는 앉아서도 꿈을 꾸네! 차라리 눕는 게 낫겠다!" 그러고는 다시 누워 2주를 더 잤다고 한다. 청년들은 잠자는 그녀를 집으로 다시 데려갈 수밖에 없었다. 또한 피구나이카가 꿈 해몽을 시작하면 여인네들이 한밤중에 침대에서 떨어진다는 둥 끔찍한 소리를 마구 해 댔다. 그녀의 꿈 풀이가 맞는지는 확실치 않지만 그녀의 해몽을 들은 아낙네들은 일주일 내내 불안한 마음에 몸을 떨었다. 마을에서 피구나이카보다 해몽을 잘하는 사람이 없었다. 한번은 잠에서 깬 그녀가 꼼짝 않고 누운 채 입을 꼭 다물고 있었다. 추르카는 벙어리처럼 입도 벙긋 하지 않는 부인이 이상해 보였다. '왜 마누라가 잠자코 있는 걸까? 무슨 일이 생긴 것은 아닐까?'

"여보, 무슨 일이오?" 그가 물었다.

"꿈속에서 빨간 열매를 봤는데 말다툼이…." 부인이 말을 잇지 못했다.

"뭐라고, 우리가 싸운다는 말이오, 여보?"

"다툼이 있다는 건데… 이건 피할 수 없는 징조예요. 난 더 이상 해몽을 해서는 안 돼요! 기억 안 나요? 지난번 암사슴 꿈을 꿨던 거요. 암사슴이 눈보라를 뜻하는데 처음에는 말 안 했잖아요…. 그러다 다음 날 눈보라가 휘몰아쳤고요."

잠자코 있던 추르카는 부인이 암사슴 꿈을 꾼 다음 날 문 앞에 눈이 가득 쌓였던 일이 생각났지만 말하고 싶지 않았다. 얼마나 많이 왔던지 두 사람은 사흘 동안 문을 열 수조차 없어서 집 안에 꼼짝없이 갇혀 있었다. 그리고 3일째가 되던 날 부인이 꿈에서 암사슴을 봤다고 말해 주었다.

"왜 아무 말도 안 하는 거예요? 빨간 열매는 다툼을 의미해요, 그건 제가 잘 알아요." 피구나이카가 말했다.

"당신과 다투지 않을 거요, 여보." 추르카가 중얼댔다.

그러자 부인이 남편에게 화를 냈다.

"제가 그런 꿈을 꿨는데 어떻게 안 그럴 수가 있죠?"

"대체 뭐 때문에 싸워?"

"당신이 이유가 뭔지 찾아봐요! 어쩌면 지난번 제가 잠깐 누워 있는 동안 우리 집 물고기가 썩은 것 때문은 아닐까요?"

"맞아요, 여보. 물고기가 썩었소. 당신이 3일 동안 잠잤잖소. 당신을 깨우려고 침상에 불을 엄청 피웠는데 그만 방심했더니 그렇게 되었소…."

"아하! 그럼 당신 마누라는 누워 있으면 안 되겠네요? 당신 뒤치다꺼리만 해야 한다는 거네! 참말로 당신이란 사람은…!"

"여보, 이 일을 왜 그렇게 받아들이는 거요? 그냥 물고기가 상했으면 그만인데. 내가 나중에 갑절로 잡아 줬잖소."

"아하! 또 꾸짖는 것 좀 봐요! 제가 당신 따라 낚시하러 다녔으면 좋겠죠? 제가 보기엔 당신이 나랑 싸우고 싶어 하는 것 같네요!"

"아니오, 나는 당신과 싸우기 싫소." 추르카가 말했다.

"아니에요, 당신은 그러고 싶어 해요! 제가 꿈속에서 빨간 열매를 이미 봤기 때문에 반드시 말다툼이 있을 거라고요!"

"싫다니깐 나는!"

"아니요, 원할걸요!"

"아니라고."

"봐요, 눈을 보니 분명하네요!"

"여보!" 목소리를 높이며 추르카가 말했다.

"아하! 이제는 저한테 고함을 지르시네요?"

화가 난 피구나이카가 남편의 이마를 국자로 내리쳤다.

이마에 주먹만 한 혹이 생긴 것을 확인한 추르카가 부인을 향해 몸을 던지자 이내 몸싸움이 벌어졌다. 두 사람은 서로 엉겨 붙었다.

피구나이카가 소리쳤다.

"싸운다고 했잖아요!"

"안 싸운다고!"

"벌써 싸우잖아요!"

"아니야, 안 싸운다고!"

싸움이 얼마나 커졌는지 지난번 암사슴 때보다 더하자 마을 사람들이 여기저기서 달려왔다. 사내들은 추르카를 끌어냈고 아낙네들은 피구나이카를 말렸다. 아무리 말려도 둘을 떼어 놓을 수 없자 사람들은 강에서 물을 길어 와 부부에게 쏟아부었다.

"여보! 잠깐만! 우리 지붕에 문제가 생겼소. 비가 새나 봐!"

두 사람이 순식간에 떨어졌다.

추르카가 앉아서 자신의 머리에 혹이 몇 개인지 세어 보았다. 피구나이카도 앉아 멍이 든 눈을 손으로 어루만졌다.

"대체 무슨 일이오?" 이웃이 물었다.

"아무 일도 아녜요. 제가 꿈에서 빨간 열매를 딴 것 같아서요. 이건 분명히 피치 못할 다툼을 의미하거든요!"

그녀 말고 누가 알겠는가. 그녀가 빨간 열매 꿈을 꿔서 남편과 싸우게 되었는지 말이다.

약자와 강자

약자 한 명은 강자 앞에서 곰 앞의 생쥐와 같다. 곰이 생쥐를 잡으러 발을 들어 올리면 생쥐는 이미 죽은 목숨이나 다를 바 없다! 그러나 약자 둘이 강자 한 명에 대적하면 누가 이길지 아무도 장담할 수 없다.

곰 한 마리가 작은 동물을 괴롭히지 말라는 규칙을 까맣게 잊은 채 장난을 치기 시작했다. 쥐, 얼룩다람쥐, 족제비들이 곰 때문에 몹시 고통스러웠다. 몽골마멋, 생쥐와 시베리아족제비도 더 이상 견딜 수가 없었다. 곰이 배가 고프면 모두 잡아먹을 수 있는 이 마당에 누가 곰에게 한 마디라도 할 수 있겠는가? 다행히도 곰은 배가 불렀고 통통했다. 그러니 잡아먹기보다는 괴롭혔다. 곰은 한껏 신이 나서 작은 동물들을 쫓아다녔다. 곰을 피해 몸을 숨길 곳이 어디에도 없었다. 곰은 구새통, 굴속, 나무 사이, 물속 할 것 없이 모조리 찾아내고 말았다!

동물들은 힘에 겨워 울상이었지만 참을 수밖에 없었다. 그러자 이번에는 곰이 새끼들을 괴롭히기 시작했다. 이제 더 이상 용납할 수 없는 최악의 장난을 치고 만 것이다. 곰은 새둥지를 망가뜨리고 굴에 있는 새끼들을 죽이기 시작했다.

갓 태어난 생쥐들은 밟혀 죽었다. 곰이 한 발 내딛자 한 마리도 살아남지 못한 것이다. 어미 쥐는 슬피 울며 발만 동동 구를 뿐이었다. 그러나 곰을 상대로 쥐가 무슨 일을 할 수 있겠는가?

또 박새 둥지를 망가뜨린 후 알을 몽땅 먹어 치운 일도 있었다. 박새도 울며 둥지 주위를 날아다녔다. 그러나 박새 혼자 곰에게 무엇으로 분풀이를 할 수 있겠는가?

곰은 불행에 빠진 동물들을 비웃으며 껄껄댔다.

생쥐가 피신처를 찾아 헤매던 중 박새 우는 소리를 들었다.

"박새야, 무슨 일 있어? 왜 우니?"

"내 새끼들이 곧 알을 깨고 나오려던 참이었어! 부리로 껍데기를 톡톡 치고 있었거든. 그런데 곰이 내 새끼들을 몽땅 삼켜 버렸어! 도움을 청하고 싶어도 할 데가 있어야지. 나 혼자 뭘 하겠니?"

쥐도 울며 말했다.

"내 새끼들은 검은 털이 나기 시작했어. 눈은 벌써 떴고! 그런데 이놈의 곰이 모두 밟아 죽인 거야!"

곰으로부터 새끼들을 지켜 달라고 어디에 부탁할 수 있을까? 밀림의 주인에게 가기에는 너무 멀었다. 그렇다고 동물들이 스스로 곰을 벌하기에는 역부족이었다. 고심 끝에 좋은 방법이 떠올랐다.

"뭐가 두려워? 우리는 둘이잖아!"

둘은 곰을 찾아갔다. 마침 곰이 이쪽을 향해 오고 있었다. 한 걸음 한 걸음 성큼 발을 떼며 걸었다. 곰은 쥐와 박새를 죽이기 위해 평소처럼 발을 들어 두 마리에게 달려들려고 했다.

그러자 박새가 곰에게 소리쳤다.

"곰 아저씨, 잠깐만요! 저에게 좋은 소식이 있어요!"

"무슨 소식? 어서 말해 보아라!"

"옆 숲에서 벌 떼를 봤어요. 가서 보니깐 꿀이 한가득 들어 있는 통이 있는데 꿀이 바닥으로 뚝뚝 떨어지더라고요. 곰 아저씨에게 말해 줘야지 했죠."

꿀 애기를 들은 곰은 쥐와 박새를 잡으려는 것을 잊은 채 침을 질질 흘렸다.

"통나무가 어디 있니?" 곰이 박새에게 물었다.

"저희가 안내해 드릴게요, 곰 아저씨." 쥐가 곰에게 대답했다.

셋은 길을 나섰다. 박새가 앞서 날아가며 곰에게 길을 보여 주었고 먼 길로 안내했다. 쥐는 곧바로 숲으로 달려갔다.

통나무 근처로 달려온 쥐가 벌들에게 소리를 질렀다.

"애들아, 나한테 큰 문제가 생겼어!"

벌들이 날아오자 쥐는 그동안에 있었던 일을 말해 주었다.

"이런 일을 안 도울 수는 없지! 도와줄게! 이놈의 곰이 우리 꿀통을 부서뜨리고 못된 짓을 얼마나 했다고!"

박새가 곰을 숲으로 데리고 왔다. 그러고는 꿀통이 놓여 있는 곳을 가리켰다. 곰이 꿀통을 보자마자 입맛을 다시고 숨을 가쁘게 쉬며 돌진했다. 통나무에 다가가자마자 꿀벌들이 떼를 지어 곰에게 달려들었다. 사방에서 물기 시작했다. 곰이 손사래를 치며 옆으로 비켜 도망을 쳐도 벌들은 그의 뒤를 쫓았다. 곰이 괴로워 울부짖으며 뒤로 나자빠졌다. 벌에 쏘인 곰의 눈은 벌겋게 부어 뜰 수가 없었다. 곰은 길이 보이지 않았다. 그래서 골짜기로, 나뭇가지와 쓰러진 나무를 따라 똑바로 기어갔다. 넘어지고, 걸려 부딪쳐 온몸이 피투성이가 되었다. 하지만 벌 떼는 곰을 계속 쫓아갔다.

곰은 최후의 수단으로 물속에 들어가 벌들이 벌집으로 돌아갈 때까지 있기로 했다. 그러나 눈이 퉁퉁 부어 어디로 달아나야 할지 보이지가 않았다. 문득 쥐와 박새가 생각난 곰이 목청껏 외쳤다.

"애들아, 너희 어디 있니?"

"저희 여기 있어요! 벌들이 저희를 쏘아 대 죽겠어요!"

"나를 좀 물가로 데려가 줘!" 곰이 외쳤다.

박새가 곰의 한쪽 어깨에 앉자 쥐는 다른 어깨로 뛰어올라 앉았다. 두 동물은 어디로 돌아서야 하는지, 어디로 뛰어갈지, 어디서 나뭇가지를 뛰어넘을지 미리 알려 주었다.

박새가 곰에게 말했다.

"이제 강이 보여요, 곰 아저씨."

쥐가 곰에게 말했다.

"이제 거의 다 왔어요, 곰 아저씨."

"그래 잘됐다! 나쁜 벌들이 나를 완전히 다 물어뜯었어! 멀리 가면 더 아팠을 텐데 다행이다!"

바로 그때 박새와 쥐가 곰에게 소리쳤다.

"물로 뛰어드세요, 곰 아저씨! 바닥까지 내려가세요, 굉장히 얕아서 괜찮거든요!"

곰이 속으로 생각해 보았다. '우선 벌떼로부터 도망치자.'

곰은 있는 힘껏 물에 뛰어들었다. 당연히 물가로 뛰었다고 생각했지만 쥐와 박새가 데려간 곳은 협곡이었다. 낭떠러지로 떨어지면서 한쪽 벼랑에 부딪치고 또 다른 벼랑에 부딪치기를 반복했다. 사방에 곰 털이 날아다녔다.

곰 옆에서 나란히 날던 박새가 말했다.

"네가 힘이 세다고 생각했지? 아무도 너와 싸울 엄두를 못 낼 거라 여겼을 테고. 그래서 내 새끼들도 모두 먹어 치웠겠지!"

곰 어깨에 앉아 있던 쥐가 털 안으로 파고들며 말했다.

"네가 강하다고 생각했겠지, 이놈의 곰아! 다른 동물은 너만큼 힘이 없는 줄 알지? 내 새끼들도 잡아먹었잖아!"

마침내 몸이 갈가리 찢긴 곰이 땅에 떨어졌다.

당연히 받아야 할 벌이었다. 새끼들을 왜 죽인단 말인가!

숲속 여기저기서 동물과 작은 새들이 뛰쳐나왔다. 동물들은 쥐와 박새에게 머리를 조아리며 연신 고맙다는 말을 했다.

약한 동물 한 마리가 힘센 동물 한 마리를 상대로 무엇을 할 수 있으랴!

하지만 두 마리의 약한 동물이 힘센 동물에 맞설 때는 누가 이길지 끝까지 지켜볼 일이다.

금목걸이

한 마을에 춤보카라는 샤먼이 살고 있었다.

마을에는 아이들이 많아 몸싸움을 하고, 달리기 내기도 하며 서로 가까이 지냈다.

좋은 아이들이었고 영리하기도 했다!

춤보카에게는 아킴카라는 아들이 있었다. 춤보카는 아주 부자였다. 그는 사람들에게 자신이 아는 것이 많고 접신을 잘하기 때문에 그 어떤 병도 고칠 수 있다고 허풍을 떨었다.

"이 남자에게 귀신이 들었소! 내가 잘 아는 귀신이네. 귀신을 내쫓아야겠소."

그러면서 방울을 꺼내 그 사람을 때리며 활활 타는 불 주위를 빙글빙글 돌았다. 그는 마치 여러 귀신들과 이야기하는 것처럼 알아들을 수 없는 말을 중얼댔다. 병자를 가만히 내버려 두고 나가라며 귀신을 향해 윽박지르기도 했다. 병자가 나아지기라도 하면 샤먼은 이렇게 말했다. "보시오, 내가 귀신을 쫓아냈지. 내가 얼마나 신기가 있는 사람이오! 좋은 선물을 가져오시오." 하지만 병자가 죽으면 샤먼은 이렇게 말했다. "변변치 않은 선물을 주고 나를 잘 믿지 못하는 사람들이었지. 그래서 귀신들이 병자를 데려간 것이오."

이 때문에 사람들은 샤먼이 두려워 그에게 온갖 선물을 갖다 바쳤다.

춤보카는 더욱 부유해졌다. 뚱뚱한 그는 번쩍거리는 겉옷을 입고 마을을 돌아다니며 자기보다 뛰어난 사람은 없다고 거들먹거렸다.

샤먼의 아들 아킴카는 다른 아이들과 마찬가지로 아주 평범한 아이였다.

어느 날 샤먼은 자기 아들이 다른 사람들과 비슷한 행색을 하고 있는 것이 몹시 부끄러웠다. 그래서 어떻게 하면 아킴카가 다른 아이들과 달라 보일까 곰곰이 생각해 보았다. 샤먼이 금 덩어리를 가지고 대장장이를 찾아갔다.

"여보게, 대장장이, 나에게 목걸이를 만들어 주시오."

"목걸이는 무엇하시게요? 게다가 금으로 만든 목걸이를요?" 대장장이가 샤먼에게 물었다.

"내 아들 목에 걸어 주려고 하지. 그러면 아킴카가 뭔가 달라 보이겠지. 사람들이 그 목걸이를 보면 아이의 아버지가 부자인 것을 대번에 알 수 있지 않겠어?"

대장장이가 말했다.

"아이들 가운데 아드님이 눈에 띄는 건 별로 좋은 방법이 아닌 것 같은데요, 춤보카 씨."

화가 난 샤먼이 말했다.

"어리석은 자 같으니라고! 멍청한 주제에 감히 나에게 충고를 하려 들다니!"

"전 어리석지 않습니다!" 대장장이가 맘이 상해 말했다.

"만약 멍청하지 않다면 내 수수께끼를 풀어 보아라! 하얀 사람들이 자르고 붉은 사람은 가져가는 것이 무엇이겠느냐?"

대장장이는 아무리 머리를 짜내도 도무지 답이 떠오르지 않았다.

춤보카가 그를 비웃기 시작했다.

"봐라, 네가 얼마나 어리석은지! 바로 이빨과 혀란다. 이렇게 쉬운 문제도 못 맞히면서!"

말문을 닫은 대장장이는 목걸이를 만들어 샤먼에게 주었다.

춤보카는 집으로 돌아와 아들의 목에 목걸이를 걸어 주며 다른 아이들과 어울리지 말라고 당부했다. 아킴카는 혼자 마을을 돌아다녔다. 그의 목걸이가 번쩍거렸다. 춤보카는 아들의 아버지가 부자라는 것을 모든 사람이 알게 될 것을 상상하자 입가에서 미소가 떠나질 않았다.

시간이 흘렀다.

아킴카는 쑥쑥 자랐다. 아이들과 함께 노는 횟수가 줄어

들자 게을러져 움직이기도 귀찮아했다. 몸이 불어 작아진 목걸이가 그의 목을 압박했다. 아킴카가 아버지에게 불평을 늘어놓았다.

"아버지, 제 목걸이 좀 빼 주세요!"

춤보카가 목걸이를 풀어 주려고 이리저리 돌려 봤지만 불가능했다.

아킴카가 더욱 자랐다. 이제 숨 쉬기가 불편해져 그는 숨을 매우 거칠게 내쉬었다.

춤보카의 어머니가 아들에게 말했다.

"목걸이를 당장 잘라 버려라, 춤보카!"

춤보카가 놀라며 말했다.

"무슨 말이에요! 말도 안 돼요! 이 목걸이가 얼마나 비싼데요. 끊어 버리면 망가질 거예요! 아킴카가 숨을 가쁘게 쉬는 것은 이곳에 평민들이 너무 많아 산소가 부족하고 공기가 나빠진 탓이라고요. 아킴카를 좀 쉬었다 오라고 언덕배기에 보내야겠어요."

언덕에 앉은 아킴카가 숨을 헐떡거렸다.

춤보카는 아들이 너무 불쌍해 눈물이 날 것 같았다. 하지만 그는 금목걸이를 망가뜨리는 것이 더 안타까웠다.

이때 대장장이가 샤먼에게 다가와 말했다.

"보십시오, 우리 중 누가 더 어리석은지."

"너지, 바로 너야, 네가 제일 멍청하다고!" 춤보카가 소리를 질렀다.

"만약 당신이 그렇게 똑똑하다면 이 수수께끼를 맞혀 보시오. 바닥이 없는 항아리는 무엇일까요?"

샤먼이 잠시 생각한 후 말했다.

"음, 음, 수수께끼 같지도 않구먼! 바닥이 없는 항아리, 그것은 바로 얼음 구멍이지. 얼음 구멍!"

대장장이가 샤먼에게 말했다.

"틀렸습니다! 바닥이 없는 항아리는 바로 당신의 욕심이랍니다. 그 안을 아무리 채워 넣어도 항상 텅 비어 있는 항아리요. 어서 목걸이를 톱으로 자릅시다!"

욕심 많고 어리석은 춤보카는 대장장이의 말을 따르지 않을 수 없었다.

요술 쌈지

옛날 옛적에 할머니와 할아버지가 살고 있었다. 할아버지는 낚시를 하고 할머니는 집에서 살림을 하며 지냈다. 두 노인에게는 아이도 친구도 없었고 강아지와 고양이가 전부였다.

할아버지가 낚시를 하면 할머니는 생선을 손질하고 요리를 했다. 남은 생선 가시는 강아지와 고양이에게 먹이로 주었고 생선 껍질은 자신들을 위해 옷이나 다른 물건을 만드는 데 사용했다.

어느 날 낚시에서 돌아온 할아버지는 겨우 잡은 붕어 한 마리를 할머니에게 건넨 후 그물을 닦으러 강가에 다시 갔다. 그물을 닦은 후 마르도록 걸어 두었다. 할머니는 집에서 날카로운 칼로 생선을 손질하려고 바닥에 앉았다. 바로 그때 붕어가 사람처럼 말을 하며 간청했다.

"할머니, 제 비늘을 벗겨 솥에 담은 후 물을 붓고 소금을 넣어 끓이세요, 그리고 저는 강에 놓아주시고요."

할머니는 깜짝 놀라 물었다.

"평생 많은 물고기를 접해 봤지만 사람의 말을 하는 물고기는 한 번도 본 적이 없었단다. 정말 신기한 일이구나!"

할머니는 붕어의 부탁대로 비늘을 벗긴 후 강에 놓아주었다. 그리고 비늘 한 줌을 모아 솥에 넣은 후 물을 채워 소금으로 간을 하고 솥뚜껑을 덮고 불을 지펴 끓이기 시작했다.

버드나무 가지는 바짝 말라서인지 금세 불이 붙었다. 불길은 순식간에 거세졌고 솥바닥이 검게 그을렸다. 곧 솥이 끓더니 솥뚜껑 틈으로 하얀 김이 모락모락 새어 나왔다. 뚜껑을 열어야 할 시간인데 할머니는 무엇이 끓고 있는지 몰랐기에 잠시 겁을 먹었다.

김을 더욱 모락모락 내뿜으며 뚜껑이 들썩거렸다. 할머니가 뚜껑 손잡이를 잡고 조심스레 열었다. 연기가 온 집 안을 뒤덮었다. 할머니가 솥 안을 들여다보자 솥 안에는 생선이 가득 차 있었다. 할머니는 국자를 들고 조심스레 생선을 뒤섞기 시작했다. 너무 놀랍고 기뻐 어쩔 줄을 몰라 했다. 솥에 비늘만 넣었는데 생선이 생기다니!

할머니는 할아버지가 오자 그녀에게 일어난 일을 자세히 얘기해 주었다. 붕어와 나눈 대화와 할머니가 한 일, 모두 말해 주었다. 할아버지도 기뻐하며 놀라워했다.

"이제 우리 강아지와 고양이도 배가 부르겠군."

"배불리 실컷 먹자고요." 할머니가 말했다.

강아지와 고양이는 주인 곁에서 신이 나 껑충껑충 뛰었다. 동물도 곧 배불리 먹게 될 것을 아는 듯했다.

할머니는 국자로 삶은 생선을 나무 그릇에 담아 할아버지에게 건네주었다. 할아버지는 침상 끝에 다리를 꼬고 앉았다. 그리고 생선 수프를 마시며 젓가락으로 삶은 생선을 먹기 시작했다.

할머니는 생선 꼬리를 발라 그릇에 담은 후 주위에서 야옹거리며 다니는 고양이에게 주었다. 생선이 뜨거워서 고양이는 입을 델 뻔했다. 고양이는 고개를 흔들며 마치 손을 사용하듯 앞발로 생선을 떼어 먹기 시작했다. 할머니는 삶은 생선 조각을 덜어 애처로운 눈초리를 보내며 앉아 있는 강아지에게 주었다. 그리고 자기 몫의 생선을 그릇에 담고 침상에 쪼그리고 앉아 국물을 마시며 생선 수프를 먹기 시작했다.

이날 두 사람은 배불리 먹었다. 남은 생선은 그릇에 담아 창고 처마 밑에 가져다 놓았다.

할머니와 할아버지는 평소보다 일찍 잠자리에 들려고 했다. 고양이는 배불리 먹고 난 후 침상에 등을 대고 누웠다. 강아지 역시 창문턱에 자리를 잡고 누워 눈을 감았다. 온 식구가 그렇게 잠이 들었다.

자정이 되어 잠에서 깬 할아버지가 눈을 뜨자 집 안이 온통 환한 것이었다. 할아버지가 할머니를 깨웠다.

"할멈, 할멈! 일어나라고, 벌써 날이 밝았어. 오늘 왜 그렇게 오래 잔 거야? 해가 벌써 중천에 떴잖아!"

할머니가 잠에서 깼다. 정말로 집 안은 대낮처럼 환했다. 할아버지는 옷을 입고 밖으로 나왔다. 그러나 밖은 어두웠다. 하늘에는 별들이 반짝거리고 있었다. 새들의 지저귐도 전혀 들리지 않았다. 사방이 고요했다. 가벼운 바람이 불었고 강가에는 잔잔한 물결만이 찰랑거릴 뿐이었다. 집에 돌아온 할아버지는 뜨거운 태양처럼 생긴 이상한 쌈지가 벽에 걸려 있는 것을 발견했다. 이 쌈지 때문에 해 뜬 낮처럼 방 안이 환했던 것이었다.

그날로 할아버지와 할머니는 부자가 되었다. 집은 넓고 깨끗했으며 안락했다. 두 노인의 옷은 비단과 다른 값비싼 천으로 만든 것이었고 곡식 창고는 온갖 종류의 음식이 차고 넘쳤다. 강아지와 고양이도 항상 배가 불렀다.

어느 날 밤 노부부가 부자가 됐다는 소문을 들은 두 처녀가 요술 쌈지를 훔치러 몰래 집 안으로 들어왔다. 쌈지를 찾지 못한 그들은 자고 있던 할머니와 할아버지를 깨워 쌈지를 숨겨 둔 장소를 말할 때까지 계속해서 간지럼을 태웠다. 두 노인이 더 이상 간지럼을 참지 못하고 장소를 일러 주자 두 처녀는 쌈지를 가지고 달아났다.

이 일이 일어나고부터 할머니와 할아버지는 다시 예전처럼 가난해졌다. 집 안에는 밤낮으로 울음이 끊이질 않았다.

강아지와 고양이가 기슭으로 나가 묘수를 찾기 위해 머리를 맞대었다. 강아지가 고양이에게 말했다.

“더 이상 이렇게 살 수는 없어. 우리가 쌈지를 찾으러 나서자.”

고양이가 말했다.

“우리가 어떻게 찾아? 그 처녀들이 쌈지를 갖고 아홉 개의 강과 아홉 개의 바다를 넘어 도망쳤는데.”

“괜찮아, 나에게 올라타, 내가 강과 바다를 헤엄쳐 갈게. 쌈지는 반드시 찾아내고 말 거야.” 강아지가 말했다.

고양이가 강아지에게 올라타자 강아지는 물속으로 뛰어들어 헤엄을 쳤다. 이렇게 두 동물은 강과 바다를 헤엄쳐 건넜다. 저녁이 되자 마을에 도착했다. 고양이가 강아지에게 말했다.

“너는 많이 지쳤을 테니 여기서 쉬고 있어. 내가 이 마을 부자네 가서 쌈지를 가져올 테니. 내가 올 때까지 기다려, 조심하고.”

강아지가 물을 털고 쉬기 위해 누웠다.

마을은 잔치가 벌어져 시끌벅적 떠들썩했다. 자정이 되자 주위는 조용해졌고 불빛이 하나둘 꺼지더니 모두들 잠자리에 들기 위해 뿔뿔이 흩어졌다.

모두들 잠이 들자 고양이는 문을 슬그머니 열어 집 안으로 들어갔다.

그릇과 음식이 놓여 있는 불판과 선반이 보였고 사방에는 먹다 남은 레표시카[2]와 오목하게 담긴 죽 그릇이 널브러져 있었다. 거나하게 잔치를 벌였나 보다! 음식도 푸짐하게 먹었고 포도주도 거나하게 마셨던 모양이다! 주인은 신발을 신고 옷을 입은 채 얼굴이 천장을 향해 누워 있었고 천둥 치듯이 코를 골아 댔다. 손과 다리는 축 늘어진 채로였다. 그의 곁에는 입을 크게 벌린 부인이 옷을 입은 채로 베개 대신에 담배 상자를 베고 자고 있었다.

옆 침상에는 쌈지를 훔쳐 간 두 처녀가 자고 있었다. 둘은 비단 담요가 깔려 있는 비단 매트리스에서 잠을 자고 있었다. 베개는 부드러운 털로 만든 것이었다.

벽에는 철사로 꼬아 말아 둔 요술 쌈지가 걸려 있었다. 집 안은 대낮처럼 환했고 모든 것이 번쩍거렸다.

고양이가 옆을 둘러보다 잔치 후 남은 음식을 먹기 위해 돌아다니는 쥐를 발견했다. 고양이는 불판 옆에 몸을 숨기고 작은 좀도둑들을 잡으려 기다렸다.

잠시 후 입구 근처에 있던 기둥 밑에서 큰 쥐가 조심스레 기어 나왔다. 쥐는 얍삽한 눈으로 주위를 살피고는 코를 벌

---

2) 레표시카 : 밀가루, 물과 소금을 반죽해 구운 납작한 과자.

름거리며 냄새를 킁킁 맡았다. 쥐는 남은 음식을 맛보기 위해 잔치가 끝나고 사람들이 모두 잠들 때까지 쥐구멍에서 오랫동안 기다렸다. 이제 쥐가 잔치를 벌여야 하는 시간이 된 것이다! 쥐는 음식이 있는 벽난로를 향해 쏜살같이 내달렸지만 고양이가 앞발로 누르는 바람에 음식은 고사하고 숨이 막혀 신음 소리조차 내지 못했다.

너무도 놀란 쥐는 숨이 멎을 것만 같았다. 고양이 발에 밟히면 살아남지 못하는 것을 쥐 자신도 잘 알고 있었다. 고양이는 쥐의 상극이 아니던가!

그러나 고양이는 쥐를 죽이는 대신 어려운 과제를 내주었다.

"쥐야, 조용히 해, 소리 내지 말고 잠자코 있어. 사람들이 깨면 너도 죽을 거야, 나한테서 도망칠 수 없을 테니. 너를 지금 바로 죽일 수 있지만 네가 우선 해야 할 일이 있단다. 벽에 철사로 친친 감겨 있는 쌈지를 갖다주렴. 네 날카로운 이빨로 철사를 갉아 풀어서 가져다줘. 만약 이 일을 성공하지 못하면 너는 죽은 목숨이야. 쌈지를 구해 오면 네 손끝 하나 안 건드리고 네 쥐구멍을 죽, 완두콩, 레표시카, 설탕으로 채워 줄게. 그러면 배불리 편안히 지낼 수 있을 거야."

큰 쥐는 겨우 숨을 돌린 후 눈을 깜빡거리며 간신히 입을 떼었다.

"고양이님, 저를 불쌍히 여기고 죽이지 마세요. 잡아먹지 마시고요. 고양이님이 명령하시는 대로 다 해 드릴게요. 철사를 갉아 끊으면 쌈지를 구할 수 있어요."

고양이가 쥐를 풀어 주었다. 그리고 자신은 벽난로 위에 앉아 쥐가 하는 행동을 감시했다. 쥐는 돗자리에 몸을 굴려 벽으로 가 철사를 갉기 시작했다. 쓰윽, 쓰윽. 곧 철사 한 줄을 갉았다. 그때 침상에 누워 있던 한 처녀가 몸을 뒤척이더니 잠꼬대를 했다.

"저놈의 쥐들이 시끄럽게 굴어 잠을 잘 수가 없네."

이렇게 중얼거리더니 다시 잠에 빠져 코를 골아 댔다.

쥐는 다시 갉기 시작했다. 쓰윽, 쓰윽. 철사 하나를 더 끊어 놓았다.

이번에는 다른 침상에서 자던 처녀가 끙끙 신음 소리를 내고 돌아눕더니 다시금 요란스레 코를 골았다. 쓰윽, 쓰윽. 그러고는 고양이에게 조용히 말했다.

"고양이님, 이제 철사 하나만 남았어요."

"아주 잘하고 있다. 힘내라. 내가 네 쥐구멍에 음식을 풍족하게 넣어 줄 테니." 고양이가 말했다.

쥐가 마지막 철사를 끊은 다음 쌈지를 물고는 고양이에게 달려갔다. 이때 침상에서 자고 있던 집주인이 잠에서 깼다.

고양이는 쌈지를 입에 문 채 벽난로를 뛰어넘어 종이 창문을 뚫고 기슭으로 재빨리 달아났다. 기슭에는 강아지가 고양이를 기다리고 있었다. 고양이는 쌈지를 꽉 물고 강아지 등에 올라탔다.

강아지는 물에 뛰어들어 강 건너편 기슭을 향해 빨리 헤엄쳐 갔다.

잠에서 깬 집주인이 소란을 피우며 깊이 자고 있던 사람들을 모조리 깨웠다.

"우리 집에 도둑이 들었소!"

남편이 소리치자 부인은 불을 켰다. 모두들 집 구석구석 찾아보았지만 도둑은 어디에도 없었다. 사람들은 횃불을 켜고 밖으로 나와 도둑의 발자국을 찾기 시작했다. 하지만 발자국은 하나도 남아 있지 않았다. 큰 쥐는 이미 쥐구멍으로 달아나 죽, 완두콩, 레표시카, 설탕을 먹고 있었다.

강아지와 고양이는 바다와 강을 헤엄쳐 새벽 무렵에서야 마침내 집에 도착했다. 그리고 쌈지를 다시 노인의 집 벽에 걸고 잠자리에 들었다.

아침에 할아버지가 일어나자 집 안은 다시 환해져 있었고 요술 쌈지가 벽에 걸려 있었다. 더욱 놀라운 것은 침상에 젊은 청년과 처녀가 자고 있는 것이었다. 할아버지는 할머니를 깨워 말했다.

"할멈, 할멈, 일어나, 일어나서 좀 보라고. 우리에게 얼마나 든든한 지원군이 생겼는지!"

할아버지와 할머니는 쌈지를 되찾고 또 그들에게 자식이 생긴 것이 너무도 기뻤다. 그들은 다시 부자가 되었다. 할아버지는 어망과 작살로 낚시를 했고 할머니는 집안 살림을 하며 며느리를 도왔고 아들은 타이가에서 짐승과 새들을 사냥해 왔다. 그가 얼마나 훌륭한 사냥꾼이었던지 숲속의 새와 동물들은 그가 활을 쏘기도 전에 잡힐 것을 두려워할 정도였다고 한다.

명궁수 가르팜디

아주 오랜 옛날 폐가에 한 소년이 살고 있었다. 그는 태어나 이제껏 따뜻한 침상에서 잠을 자고 깊은 꿈만 꾸며 보냈다. 소년이 얼마나 오랫동안 잠을 잤는지는 아무도 몰랐다. 그가 먹거나 마시는 것을 본 사람도 전혀 없었다. 하지만 소년은 건강했다.

어느 날(꿈이었는지 생시였는지 소년 자신도 알지 못했다) 그의 눈앞에서 지붕을 지탱하던 기둥이 갑자기 덜컹거리는 소리를 내더니 두 동강으로 갈라지는 일이 펼쳐졌다. 그러더니 기둥에서 나무로 만든 작은 사람이 나오는 것이 아닌가. 그는 손에 기다란 버드나무 가지를 쥐고 있었다. 소년은 너무 놀라 아무 말을 할 수가 없었다.

"무서워하지 마라!"

목인이 그에게 다가와 말했다. 그리고 파란 눈동자로 소년을 조심스레 보더니 다정한 말투로 말을 건넸다.

"나는 이 집과 네 조상들을 지키는 수호자 듈렌이란다. 네가 먹고 마실 수 있게 해 준 사람이지. 나, 듈렌은 아주 오랫동안 적과 악령, 음험한 잡귀로부터 네 선조들과 너를 지켜 주었어. 오늘 내가 여기 온 것은 이제 너를 꿈에서 깨우기 위해서란다."

듈렌의 목소리에서 소년은 마치 가족같이 친숙한 느낌이 들었다.

"일어나라, 아들아! 하늘에서 무슨 일이 일어나고 있는지 한번 보렴. 네 선조의 땅은 마치 검은 상복을 입은 것처럼 어두운 그림자 속에 있단다. 철로 된, 못된 새 코리가 한쪽 날개로 밝은 달 비아를 가렸지. 네 선조의 강인 망보 아무르강은 이 그늘 아래 침묵에 빠져 더 이상 우리 고향의 노래를 부르지 못하고 이 땅에 사는 모든 생명의 암담한 운명에 상심한 나머지 울음만 터뜨리고 있단다!"

말을 마친 듈렌은 몸을 돌려 다시 기둥 속으로 들어갔다.

소년은 자리에서 벌떡 일어나 듈렌이 서 있었던 바로 그곳으로 뛰어나왔다. 그는 듈렌이 사라진 틈을 유심히 살피며 오랫동안 기둥을 바라보았다. 그러나 낡은 집의 기둥은 잘 연마한 화강암처럼 단단하고 매끈했다.

'아, 아, 아마, 꿈이었을 거야. 내가 듈렌을 꿈속에서 본 것이겠지!' 소년이 생각했다.

그러고는 다시 자기 자리로 돌아가 누운 후 이불을 덮고 몸을 다른 쪽으로 돌렸다. 곧 깊은 잠에 빠졌다.

소년이 얼마나 잤는지 모르지만 기둥이 또다시 큰 소리와 함께 바닥에서 꼭대기까지 쪼개졌다. 목인이 기둥에서 나와 처음 있었던 바로 그 자리에 서 있었다.

“일어나라, 애야! 이제부터 너를 가르팜디라고 부르마. 명궁수라는 뜻이지. 가르팜디, 너는 천둥도 추위도 두려워하지 않는 용감한 사람이 되어야 한다. 항상 모든 사람보다 앞서 나가야 하고…. 지금 바로 가서 아버지와 할아버지들의 원수들과 싸워라.” 그가 소년을 큰 소리로 부르며 말했다.

“지금 바로 일어나지 않으면 내가 너를 죽일지도 모른다!” 그는 눈썹을 찌푸리며 버드나무 가지를 펴덕거렸다.

“기억해라, 가르팜디! 네 선조는 나나이족이다. 이것은 네가 땅의 아들이자 땅에서 태어난 사람이라는 것을 의미한단다. 어서 일어나서 못된 새 코리로부터 네 어머니의 땅을 지켜 내라!”

듈렌이 잠잠해졌다. 그는 소년을 근엄하게 쳐다보더니 몸을 돌려 기둥 쪽으로 사라졌다.

“듈렌!” 가르팜디가 이름을 부르며 잠에서 깼다.

마루로 달려 나와 기둥에 다가가자 기둥에는 사슴뿔이 있었다. 그리고 이 뿔에는 활과 화살통, 느릅나무로 만든 피리와 화려한 문양이 새겨진 새 옷이 걸려 있었다.

옷은 소년에게 다소 큰 듯했다. 그는 화살통을 풀어 단단하고 팽팽한 활을 잡아당겼다.

그러자 몸집이 더 자라고 힘도 더 세지는 것을 느꼈다.

새 옷이 점점 몸에 맞아 가더니 마침내 솜씨 좋은 어머니가 만들어 준 것처럼 꼭 맞아떨어졌다.

"듈렌, 우리의 수호자시여, 제게 주신 모든 것에 감사드립니다!" 가르팜디가 환호하며 말했다.

"제가 당신께 화살 하나를 남겨 놓고 떠나겠습니다. 만약 화살촉이 녹슨다면 그것은 당신의 아들이 길을 헤매고 있음을 뜻합니다. 화살에 아무 문제가 없다면 그것은 제가 가야 할 길에 서 있음을 의미합니다. 만약 화살이 떨어져 있다면 제가 선조의 땅을 지키던 메르겐의 전사처럼 죽은 것이고요! 만약 잘 서 있다면 싸움에서 이겨 곧 돌아온다는 것을 뜻합니다!"

그가 쏜 화살이 소리를 내며 번개처럼 번쩍하더니 기둥에 꽂혔다. 가르팜디는 기둥을 향해 절을 올린 뒤 집에서 나왔다.

길이 얼마나 어두운지 가르팜디는 자신이 새벽 일찍 일어났는지 아니면 밤늦게 일어난 것인지 분간할 수가 없었다. 주위는 적막했고 연기와 탄 냄새가 묻어 있는 차갑고 강한 바람만이 불고 있었다. 검은 먼지가 땅을 뒤덮었고 숯이 된 나무는 무서운 괴물을 연상시켰다.

가르팜디가 고개를 들자 검은 하늘에 커다란 새가 보였

다. 새는 크고 강한 날개로 해를 동쪽에서부터 서쪽 끝까지 가리면서 하늘에 걸려 있는 듯했다. 철로 된 새의 날개를 통해 햇빛이 희미하게 반짝이고 있었다.

"하! 하! 하!" 가르팜디를 보자 코리는 껄껄대며 웃었다. 우레와 같은 웃음소리가 퍼지자 땅에는 묵직한 우박이 떨어지고 차가운 비가 내리기 시작했다.

"아하, 드디어 일어났구나! 너를 이곳에서 얼마나 기다렸는지 아느냐?" 코리가 사람처럼 말했다.

가르팜디가 화살통에서 화살을 빼내 팽팽한 활에 걸더니 시위를 잡아당기려 했다.

"활을 버려라!" 코리가 소리를 쳤다. 가르팜디는 활시위를 힘껏 당겼지만 코리의 쇠 부리에서 번개와 같은 불화살이 날아오더니 목표에 다가가지 못한 가르팜디의 화살을 공중에서 태워 버렸다.

"기다려라, 해가 질 때까지! 달이 뜨면 네놈을 처치해 주마. 부엉이가 쥐를 잡아먹듯이 너를 삼켜 먹을 테니." 화가 난 코리가 말했다.

가르팜디는 혼자서 이 무시무시한 새를 감당하기에 어려움이 있으니 의로운 친구를 찾아야겠다고 생각했다. 그는 해가 질 때까지 혹시 누구라도 만날까 하는 마음으로 바람과 연기를 향해 걸었다. "안녕, 가르팜디 메르겐!" 가르팜디가 누군가의 목소리를 들었다.

가지가 많은 뿔이 달린 말코손바닥사슴이 그에게 인사를 했다. 연기와 그을음 때문에 말코손바닥사슴은 땅처럼 시커멓게 보였지만 크고 영리한 눈만은 어둠 속에서 빛을 발했다.

"어디 가는 거야?" 말코손바닥사슴이 물었다.

"코리와 싸우기 위해 진정한 친구를 찾으러 가고 있어!"

"아이고, 용사야! 악령 코리는 숲의 용사들과 우리 동족들을 모두 죽였어. 이제 나만 남았어. 나를 데려가 줘. 너에게 쓸모가 있을 거야!"

가르팜디는 허락을 하고 말코손바닥사슴 등에 올라타 바람과 연기를 향해 앞으로 달렸다.

"용사 가르팜디!" 누군가 뛰어오며 쉰 목소리로 말했다.

가르팜디가 말코손바닥사슴을 멈추게 하자 다리가 휜 큰곰이 보였다. 곰의 가죽은 연기로 온통 새까매져 있었지만 용감해 보이는 작은 눈만은 어둠 속에서 반짝거렸다.

"어디 가는 거야?" 큰곰이 물었다.

"코리와 싸우기 위해 진정한 친구를 찾으러 가고 있어!"

"아이고, 용사야! 내가 옛날에 네 형이었어. 어둠의 악령 코리가 우리 큰곰 식구들을 모조리 죽여 이 세상에 남은 곰은 나 혼자뿐이야. 나를 데려가 줘. 너에게 언젠가는 도움이 될 거야!"

가르팜디가 승낙을 했고 안짱다리 큰곰은 바람과 연기를 향해 걸음이 빠른 말코손바닥사슴 뒤를 달려갔다.

"용사 가르팜디!" 또다시 가르팜디는 누군가의 목소리를 들었다.

그가 말코손바닥사슴을 멈추게 하고 큰 호랑이와 인사를 나누었다. 연기와 그을음 때문에 호랑이의 줄무늬는 사라지고 노란 눈만 어둠 속에서 반짝거렸다.

"너희들 어디로 가는 거야?" 큰 호랑이가 물었다.

"코리와 싸우기 위해 진정한 친구를 찾으러 가고 있어!"

"아이고, 용사야! 내가 한때는 타이가의 주인이었지만 지금은 완전 외톨이가 되었어. 지하 세계의 여왕인 코리가 몸에 줄이 있는 내 친척들을 몽땅 잡아 갔어! 나도 데려가 줘. 너에게 언젠가는 쓸모가 있을 거야!"

가르팜디가 허락하자 큰 호랑이는 큰곰의 뒤를, 큰곰은 긴 다리의 말코손바닥사슴 뒤를 바람과 연기를 향해 질주했다.

한참을 가던 중 갑자기 어둠 속에서 높은 산이 나타났다. 산꼭대기는 자욱한 검은 안개 때문에 커다란 유목민 가옥인 춤[3)]처럼 보였다.

'바로 여기에 그놈의 바람이 살고 있겠군, 이놈의 검은 목을 틀어막아야겠다.' 가르팜디가 잠시 생각했다.

그는 말코손바닥사슴에서 내려 산 정상에 오르기 시작했다. 중턱에 도착할 무렵 갑자기 쇠처럼 매끈한 경사를 따라 아래로 미끄러지고 말았다. 일어서서 다시 위로 올라갔지만 산 중턱에 이르러서는 넘어져 떨어졌다. 신이 난 누군가의 웃음소리가 들렸다.

가르팜디가 일어서서 주위를 둘러보았지만 근처에는 아무도 없었다!

"나를 비웃는 사람이 누구요?" 화를 내며 그가 물었다.

"바로 나지, 다람쥐 말이야. 난 큰 호랑이의 막냇동생이야." 몸에 가느다란 줄무늬가 그려져 있는 자그마한 동물이 그에게 대답했다.

"나도 있어, 생쥐 말이야. 나는 큰곰의 막냇동생이야!" 까맣고 조그마한 동물이 찍찍댔다.

"용사 가르팜디, 넌 여기서 쓸데없이 시간을 보내고 있어. 저 산에는 오를 수 없거든. 차라리 저쪽으로 가 봐." 다람쥐와 생쥐는 한목소리를 내었다.

그러고는 몸집이 작은 두 친구는 가르팜디에게 코리가

---

3) 춤 : 유목민들의 이동 가옥의 형태로 장대를 비스듬히 놓고 윗부분을 교차시켜 원추형을 만드는 골조 방식을 특징으로 한다.

날아다니는 호렌산으로 가는 무거운 돌문을 보여 주었다.

말코손바닥사슴이 뿔로 부딪치고 호랑이가 칼처럼 날카로운 발톱으로 할퀴어 보았으며 곰이 강한 어깨로 밀어 보았지만 호렌산의 문은 굳게 잠겨 있어 꿈쩍도 하지 않았다.

"가르팜디! 네 허리춤에 있는 피리를 한번 불어 보렴!" 생쥐와 다람쥐가 한껏 들뜬 목소리로 말했다.

가르팜디가 허리춤에서 피리를 꺼내 잔잔하고 부드럽게 불었다.

그의 멜로디에서 마법처럼 새와 짐승들의 소리가 들렸고 망보 아무르강의 물결이 철썩이는 소리가 울려 퍼졌다. 그러자 꿈쩍 않던 호렌산의 거대한 돌문이 열리는 것이 아닌가.

가르팜디는 안으로 들어가 주위를 살펴보았다. 다소 어둑한 한편에 그가 나타난 것을 전혀 눈치채지 못한 노인과 노파가 일에 열중하고 있었다. 노인은 모루를 뒤로 하고 서 있었고 노파는 커다란 모피에 입김을 불고 있었다. 벌겋게 달궈진 대장간에서는 연기와 그을음이 위로 피어올랐고 큰 태풍 바람으로 변해 밖으로 소리를 내며 빠져나갔다.

"여기서 뭐 하세요, 어르신들?" 가르팜디가 그들에게 물었다.

"우리는 코리의 하인들이란다. 낮이나 밤이나 코리의 강한 날개를 단철하고 있지."

그들이 고개를 돌려 나나이족 사냥꾼 복장을 한 젊은이를 보았다.

"나나이족이 아닌가!" 흥분한 노인들이 소리를 질렀다. 그러고는 가르팜디에게 읍소했다.

"포악한 코리에게서 우리 딸 옐가를 구해 주게, 가르팜디."

"어르신들 말씀대로 해 드리지요. 그렇지만 먼저 어떻게 하면 따님을 찾을 수 있는지 말씀해 주세요."

"우리의 말을 잘 듣게. 자네가 가야 할 길은 멀고 힘들다네. 그래도 해가 지기 전에는 망보 아무르강 발원지에 도착할 수 있을 것이네. 그곳 산에는 우리 호렌산처럼 돌로 만든 춤 두 개가 있을 거야. 두 춤 사이에는 하늘까지 벌거벗은 가지가 뻗어 있는 외로운 참나무가 있지. 두 춤 중 한 곳에 우리 딸 옐가가 고통 받고 있을 거야. 코리가 아침부터 저녁까지 쇠 깃털에 무늬를 그리라고 했거든."

노인들의 말을 경청한 가르팜디는 옐가 부모님이 만들어 준 쇠 갑옷과 투구를 쓰고 인사를 나눈 후 호렌산을 떠났다. 해가 일몰을 향해 가자 코리는 사람들에게서 해를 감춘 후 더욱 하늘 높이 날아갔다.

가르팜디와 친구들이 쉬지 않고 한참을 달려가자 해가

넘어가기 바로 직전에 겨우 돌로 만든 커다란 두 개의 춤에 도착했다. 두 춤 사이에는 거대한 참나무가 서 있었고 거대한 뿌리에서는 물이 콸콸 쏟아져 나왔다.

"하! 하! 하! 바로 너희구나. 내가 지금 너희 모두를 돌로 만들어 주마!" 코리가 위에서 무서운 웃음소리를 내었다.

바로 그 순간 해는 지평선으로 넘어갔고 날개로 차가운 공기를 가르며 코리가 청년과 그의 친구들을 향해 아래로 돌진했다.

가르팜디는 정신을 똑바로 차리고 화살통에서 화살을 꺼내 코리에게 활을 당겼다. 화살은 코리를 번쩍이며 들이받았지만 숯불처럼 공중에서 산산조각이 나고 말았다. 코리가 발톱으로 가르팜디를 잡으려 하자 말코손바닥사슴은 가르팜디를 태워 멀리 데려가 숨바꼭질하듯 숨다가 산과 언덕으로 달려갔다.

가르팜디가 화살통에서 두 번째 화살을 꺼내 코리를 향해 쏘았다. 화살은 번개처럼 재빠르게 코리를 명중했다. 거대한 새는 공중에서 두 번 회전을 하더니 철 부리에서 말코손바닥사슴을 향해 불을 뿜어 냈다. 발이 빠른 말코손바닥사슴은 가르팜디 곁에서 돌이 되고 말았다.

"달아나, 가르팜디! 어서 곰을 향해 도망쳐!" 생쥐가 소리를 쳤다.

가르팜디가 곰을 향해 뛰어가자 큰곰은 코리의 추적을 따돌리고 숨바꼭질하듯 숨다가 산과 언덕으로 달려갔다. 청년은 화살통에서 세 번째 화살을 꺼내 코리에게 쏘았다. 화살은 번개처럼 코리를 들이받았다. 코리가 세 번 공중회전을 하더니 쇠 부리에서 불을 뿜어냈다. 큰곰과 생쥐는 가르팜디 곁에서 돌이 되었다.

"가르팜디, 어서 호랑이에게 달려가!" 다람쥐가 소리쳤다.

청년이 호랑이에게 뛰어가자 큰 호랑이는 코리의 눈을 피해 숨바꼭질하듯 숨다가 산과 언덕을 달려갔다. 가르팜디가 화살통에서 네 번째 화살을 꺼내 코리를 향해 당겼다. 코리는 공중에서 네 번 회전을 하더니 쇠 부리에서 불을 내뿜었다. 바로 그 자리에서 달리고 있던 호랑이와 다람쥐가 돌이 되고 말았다.

가르팜디는 돌로 만든 춤과 거대한 참나무 뿌리 사이에 쓰러졌다. 그가 일어나 다섯 번째 화살을 꺼내 코리를 향해 당겼다. 화살이 번개처럼 번쩍이더니 코리를 명중했다. 코리는 공중에서 다섯 번 회전을 하더니 가르팜디에게 불을 뿜고는 사라졌다.

가르팜디가 거대한 참나무 아래에 며칠 낮과 밤을 누워 있었는지 아무도 모른다. 갑자기 귀에 익은 목소리가 들렸다.

"일어나, 가르팜디!"

그가 눈을 뜨자 그 앞에는 자신의 집안의 수호자인 듈렌이 보였다.

"일어나, 가르팜디! 네 신성한 화살이 기둥에서 떨어졌어. 그래서 내가 너를 도우러 왔지." 듈렌이 그의 어깨를 쓰다듬으며 반복해 말했다.

가르팜디가 일어나려 했지만 움직일 수가 없었다. 죽은 땅에 누워 있던 그의 몸 한쪽은 완전히 돌이 되었던 것이다. 그러나 생명수인 망보 아무르강에 있던 몸의 반쪽은 살아 있었다.

듈렌은 가르팜디의 허리에서 피리를 꺼내 이 땅의 오래된 노래를 불렀다. 그가 피리를 위로 들자 어두운 하늘에서 슬픈 소리와 함께 땅으로 쏜살같이 새가 날아 내려왔다. 또 그가 피리를 강가로 내리면 지느러미를 소리 없이 움직이며 재빨리 헤엄치는 물고기들이 다가왔다.

새들이 물 위에 누워 있는 가르팜디를 며칠 낮으로 돌보았다. 또 물고기들이 미약하게 살아 있는 가르팜디를 며칠 밤을 보살폈다. 그러던 어느 날 잠에서 깬 가르팜디는 건강이 완전히 회복되어 매끈한 통나무에 누워 있는 자신을 발견했다. 그의 밑에 통나무가 마치 살아 있는 것처럼 움직였다.

"가르팜디! 나는 물고기의 왕인 아딘 칼루가란다!" 가르팜디가 사람의 목소리를 들었다.

"이제부터 잘 들어라, 용사여! 오늘 정확히 자정이 되면 거대한 참나무가 꽃을 피울 것이다. 그리고 땅의 어머니가 초록빛 옷을 입고 다시 살아나라고 요술 꽃을 땅에 뿌릴 것이야. 모든 새들이 너를 돕느라 지쳐서 날개를 접은 채 잠이 들지. 오직 너만이 우리의 자연이 철로 된 새 코리를 물리치는 것을 도울 수 있단다, 가르팜디!"

"물고기 왕님! 저는 이 땅을 위해 목숨을 바쳐 싸울 준비가 되어 있습니다!" 그가 씩씩하게 소리쳤다.

"잘 들어라, 가르팜디! 오늘 정확히 자정이 되면 거대한 참나무가 망보 아무르강에 물이 가득 찰 수 있도록 뿌리에서 생명수를 내보내기 시작할 것이야. 모든 물고기들이 너를 돕느라 이제 지느러미가 없어질 정도로 약해졌지. 이제 자네는 혼자 우리 자연이 어둠의 세력과 전쟁을 치르도록 도와야 하네."

"물고기 왕님! 목숨을 바쳐 코리와 싸우겠습니다!"

말이 끝나기가 무섭게 해가 땅과 어두운 하늘에 여러 색의 빛을 뿌리는 것처럼 노을이 되어 붉게 빛났다. 그러나 이것은 해가 뜬 것이 아니라 요술 참나무가 빛을 낸 것이었다. 나무의 벌거벗은 가지에서는 마치 살아 있는 불꽃 화환처럼 꽃과 잎사귀들이 피어났다. 그리고 참나무 강한 뿌리에서는 마치 산속의 폭포처럼 호수와 망보 아무르강의 지류들이 살아나도록 생명수가 아래로 흘러내렸다.

"가르팜디, 나를 붙잡게!" 아딘 칼루가가 소리를 질렀다.

가르팜디는 물고기 왕의 넓은 등에 밀착하고 서서 팽팽한 활을 당기며 앞을 예리하게 주시했다. 물고기 왕은 쾌속정처럼 쏜살같이 참나무 뿌리에 헤엄쳐 다가갔다.

이때 어디선가 코리가 거대한 참나무로 날아왔다. 못된 새는 참나무를 강한 쇠 날개로 때렸지만 참나무는 더욱 밝고 강력하게 빛을 발했다. 더욱 화가 난 코리는 참나무 꼭대기에 내려앉아 나뭇가지를 쇠 부리로 쪼기 시작했다. 다섯 번째 화살이 코리의 날개 사이에 삐죽 나왔다. 가르팜디는 잔꾀를 부리지 않고는 결코 코리를 죽일 수 없다는 것을 깨달았다.

코리가 거대 참나무의 통통한 나뭇가지를 망가뜨리기 위해 철 부리를 크게 벌리려 하자 가르팜디는 화살을 코리의 입에 곧장 쏘아 넣었다. 굉음을 내며 코리가 공중에서 회전을 하더니 돌 춤 사이의 땅으로 떨어졌다. 그러자 춤이 사라지고 그 자리에 코리와 비슷하게 생긴 돌산이 만들어졌다. 거대 참나무는 자신의 망가진 꼭대기를 꼿꼿이 세우며 계속 꽃을 피웠다. 그 후 참나무 가지에는 커다란 황금 상수리가 생겼다. 상수리는 밤하늘에 환하게 빛나는 별처럼 반짝거렸고 영글더니 아래로 천천히 떨어졌다. 그리고 상수리가 떨어진 곳에는 초록빛 나무숲이 펼쳐졌다.

돌이 된 코리의 커다란 암석 뒤로 해가 얼굴을 내밀었다. 해는 모든 죽은 것을 부활시키고 살아 있는 모든 생명에게 복을 주며 더욱 위로 올라갔다.

"하니 라니나! 하니 라니나!" 가르팜디는 여인의 아름다운 목소리를 들었다.

아름다운 처녀 옐가가 거대 참나무 아래에 서서 새, 짐승의 소리와 강물의 흐르는 소리를 따라 하며 노래를 부르고 있었다. 가르팜디는 그녀에게 다가가 피리로 반주를 해 주었다. 피리의 부드러운 소리와 옐가의 수정처럼 맑은 목소리는 타이가의 푸른 광야 위의 청명하고 파란 하늘을 날아다녔다.

사랑과 생명을 부르는 소리를 듣고자 온갖 새들이 거대 참나무로 날아들었다. 망보 아무르강의 지류에서 물고기들도 헤엄쳐 왔다. 가르팜디의 숲속 친구들인 큰곰과 생쥐, 큰호랑이와 다람쥐, 말코손바닥사슴도 달려왔다. 모두들 신이 나 가르팜디의 연주에 맞춰 뛰어놀며 맑은 물속에서 수영도 즐겼다.

잠시 후 옐가는 무지개처럼 여러 색의 물감을 보관하던

자신의 보석함을 가져왔다. 동물들이 옐가에게 다가오고 새들이 날아왔으며 물고기들이 헤엄쳐 왔다. 숲속의 말코손바닥사슴, 예전에 사람이었던 곰, 타이가의 주인인 호랑이, 다람쥐와 생쥐인 가르팜디의 진정한 친구들도 달려왔다. 물고기 왕 아딘 칼루가도 함께했다. 솜씨가 뛰어난 아름다운 옐가는 동물들에게 새롭고 멋진 무늬를 선사했다.

빼꾸기가 가져다준 재물

어떤 일을 하는 데 겁내지 마라. 만일 손가락도 까딱하지 않는다면 복은 스쳐 지나가고 말 것이다. 그러면 눈앞에서 놓칠 수밖에 없다!

어느 한 마을에 할바, 안두가와 폭초 삼 형제가 살고 있었다.

첫째, 둘째는 사냥을 좋아해 짐승을 잡으러 돌아다녔다. 짐승의 덫을 잘 만들었고 날아가는 다람쥐를 한 번에 명중시킬 수도 있었다. 막냇동생은 형들 뒤에 숨어 다녔다. 형들이 검은담비 사냥을 떠나면 폭초는 그들 뒤를 졸졸 따라갔다. 형들이 임시 처소를 만든 후 불을 피우고 숲의 정령에게 타이가 사냥의 성공을 빌며 절을 하면 폭초는 앉아서 죽을 쑤며 하늘에 있는 별을 세며 생각했다. '내게도 많은 검은담비가 생긴다면 얼마나 좋을까!' 그러고는 형들이 사냥에서 자신의 몫으로 짐승을 잡아 오길 기다린다. 앉아만 있는 그는 형들의 사냥감 중 10분의 1을 몫으로 가졌다. 이 때문에 폭초는 형제들 가운데 가장 가난했다. 폭초가 제일 기뻐할 때는 형들이 곰을 잡아 배불리 먹을 때였다. 그럴 때면 폭초는 제일 먼저 배를 채웠다.

두 형은 낚시도 좋아해 강에 즐겨 다녔다. 둘은 배를 잘 만들었고 작살로 물고기를 잡기도 하고 어망도 잘 묶었으며 철갑상어를 한 번에 죽일 수도 있었다. 삼지창 작살로 물고기 세 마리를 한꺼번에 잡기도 했다. 그러면 폭초는 강기슭에 앉아 모닥불에 나뭇가지를 던지며 나무 잎사귀를 세며 생각했다. '나도 저렇게 많이 잡을 수 있으면 얼마나 좋을까!' 그러고는 형들이 잡은 물고기 중 자신의 몫을 기다렸다. 그의 몫은 10분의 1이었다! 이것으로는 절대 부자가 될 수 없었다. 폭초는 형들이 철갑상어를 잡을 때를 제일 좋아했다. 그러면 배불리 먹을 수 있었기 때문이다. 형들이 배부르면 그도 배불리 먹을 수 있었다.

삼 형제는 이렇게 살았다.

폭초는 할바와 안두가 형이 몹시 부러웠다. 시간이 흐르면 흐를수록 그들의 재물은 늘어만 갔다.

폭초는 부자가 되고 싶었다. 걸을 때면 땅바닥에 혹시라도 곰의 이빨이 떨어져 있지 않은지 살펴보았다. 사람들이 곰 이빨이 재물을 가져다준다고 말했기 때문이다. 땅에 떨어진 헝겊을 보게 되면 폭초는 바로 품 안에 넣었다. 혹시라도 헝겊이 부자가 되게 해 줄 수도 있기 때문이었다. 낙엽송을 보면서는 '전나무 솔방울이 자라는 행운의 낙엽송은 어디 있을까?' 하고 생각했다.

어느 날 폭초가 형들과 함께 타이가에 갔다.

형들은 사냥을 떠나고 폭초는 임시 처소로 갔다.

앉아서 죽을 끓이며 생각했다. '만약에 죽에 들어 있는 곡식 알만큼 검은담비를 잡는다면 정말 부자가 될 텐데!'

그때 마른 나뭇가지가 떨어지는 소리에 폭초가 고개를 들어 보니 소나무에 뻐꾸기 한 마리가 앉아 있었다. 뻐꾸기는 깃털을 다듬으며 꽁지를 위아래로 흔들어 댔다.

"가을에는 열매가 많겠지. 옛 어른들이 그렇게 말하곤 했잖아!" 그가 혼잣말을 했다.

그러다 문득 옛 미신이 떠올랐다. 뻐꾸기를 잡아먹고 잠을 자는 동안 땀 흘리는 꿈을 꾸면 재물이 저절로 굴러온다는 것이었다.

게으름의 대명사인 폭초도 이 순간에는 몸을 움직였다. 행운을 잡을 수 있는 순간을 어찌 놓칠 수 있겠는가! 죽이 든 솥을 들어 뻐꾸기에게 던졌다! 뜨거운 죽이 뻐꾸기에게 들러붙었다. 뻐꾸기가 땅에 떨어졌다. 폭초는 깃털과 내장을 제거하지 않은 채 뻐꾸기를 잡아먹었다. 그러고는 나무통에 누워 가락지 모양으로 웅크리고 누워 잠이 들었다.

더워서 잠이 깬 폭초는 주위를 둘러보고 기가 막혀 말문이 막혔다. 믿기지 않는 일이 일어난 것이다. 검은담비가 타이가에서 그를 향해 앞을 다투어 달려오고 있었다. 앞줄은

크고 석탄처럼 검은담비가 자리를 잡았다. 담비의 털은 눈부실 정도로 번쩍거렸다. 게으름뱅이 폭초는 정신을 차릴 수 없었다. 폭초는 그 검은담비가 바로 우두머리라는 것을 알아차렸다. '오오, 이것이 바로 뻐꾸기가 가져온 행운이로구나!' 폭초가 기뻐하며 생각했다.

담비 대장이 폭초를 향해 달려왔다. 그에게 다가오더니 위로 펄쩍 뛴 후 사라졌다. 대장의 뒤를 이어 달려오던 검은담비가 폭초의 팔 안으로 들어왔다.

정신이 돌아온 폭초는 큰 숟가락을 집어 들고 검은담비를 죽이기 시작했다. 코를 때려 한 마리를 죽이면 다른 담비가 차례를 기다리며 서 있었다. 곧 폭초는 기진맥진해졌다. 그가 죽인 담비가 오른편에 산을 이루고 있었다. 하늘에서 대장 검은담비의 목소리가 들렸다.

"충분하지 않나, 폭초?"

"아직 부족해, 더 줘!" 폭초가 고래고래 소리를 질렀다.

폭초는 팔을 바꾸어 오른쪽에서 왼쪽으로 던지기 시작했다. 곧 죽은 담비가 얼마나 큰 산을 이루었는지 그 너머에 있는 숲이 보이지 않을 정도였다.

"충분하지 않나, 폭초?" 우두머리 검은담비가 다시 그에게 물었다.

"아니, 아니, 더 줘!" 폭초가 큰 소리로 말했다.

이제 폭초는 양손에 숟가락을 잡고 검은담비를 향해 내리쳤다. 그의 앞에 검은담비 산이 조금씩 커지기 시작했다.

폭초는 이제 지쳐 몸을 가누기가 힘들었다. 우두머리 검은담비가 세 번째로 그에게 물었다.

"충분하지 않나, 폭초? 한자리에서 꿈쩍도 하지 않고 잡은 네 검은담비를 봐. 사냥꾼 백 명이 운반할 수 없을 정도로 많아!"

"아직도 부족해, 더 줘!" 폭초가 큰 소리로 말했다.

하지만 곧 담비 더미로 숨쉬기도 어려울 상황이 되자 폭초가 말했다. 속으로는 그래도 더 달라고 하고 싶었다.

"이제 충분해!"

형들이 타이가에서 돌아왔다. 주위를 둘러보아도 검은 담비 때문에 임시 처소가 보이지 않았고 폭초의 털 장화만이 흔들거렸다. 형들이 동생을 끄집어내 일으켜 세웠다. 담배를 피우며 폭초가 입을 열었다.

"너무 피곤해서 나는 쉴래. 형들은 가죽을 벗겨 줘!"

형들이 모피를 벗기기 시작했다. 얼마나 오랫동안 일을 했는지 곧 온몸이 땀에 흠뻑 젖었다. 얼마나 오랫동안 일을 했는지 형들이 일하던 자리에는 눈이 녹아 땅이 보이기 시작하더니 푸른 풀들이 자라났다. 하늘에는 뜨거운 김이 기둥처럼 서 있고 무지개가 그곳에서 놀고 있었다. 그러나 폭초는 형들을 재촉하며 소리를 질러 댔다.

마침내 형들이 작업을 마쳤다.

그때 어디서 나타났는지 개썰매가 줄을 지어 폭초를 향해 달려왔다. 그중 한 마리가 다른 개들보다 더 좋아 보였다. 모두 검은 발을 가진 흰 개였고 구리 단추가 달려 있는 사슴 가죽으로 만든 줄에 묶여 있었다. 모피는 저절로 썰매에 실렸다.

형제들은 마을로 출발했다.

첫 번째 썰매에는 폭초가 거들먹거리며 앉아 있었다.

폭초가 형제들과 마을에 도착했을 때 상인들은 벌써 그를 기다리고 있었다.

상인들은 흥정을 하며 검은담비 값을 매겼다. 모피의 질이 너무 좋아 서로 다투기 시작했다. 상인들은 폭초에게 은주머니 두 개에다, 가운은 셀 수도 없을 만큼 많이 주었다. 곡물, 밀가루, 당류는 창고에 가득 찼다. 폭초가 이렇게 부자가 되자 친척들은 그에게 고개를 숙일 수밖에 없었다.

폭초의 재물은 날이 갈수록 불어 마치 눈이 머리를 덮을 만큼 많았다. 하루는 폭초가 어망을 살펴보라고 형들을 강가에 보냈다. 형들이 도착해 어망을 잡아당겼는데 역부족이었다. 물고기가 얼마나 많이 잡혔는지 온 마을을 동원해야만 했다. 겨우겨우 어망을 끌어 올렸다. 어망에는 잔챙이는 없고 온통 철갑상어만 있는 것이 아닌가! 낚시 한 번으로 온 마을이 1년 동안 먹을 생선이 충분했다!

폭초는 마을에서 가장 중요한 인물이 되었다.

폭초는 마음은 착한 청년이었다. 그는 이 기쁨을 모든 사람과 나누고자 했다. 어마어마하게 큰 드럼통에 죽을 끓였다. 온갖 곡식과 밀가루를 넣었다. 폭초는 마을 사람들 모두를 초대해 말했다.

"원하는 만큼 드십시오!"

사람들이 도착해 솥 주위에 둘러앉았다.

노인들이 말했다.

"먼저 아이들을 배불리 먹이시오."

"옳습니다. 어린아이들에게 먹게 하시오!"

어린 소년이 작은 숟가락을 들고 솥에 다가갔다.

폭초가 그에게 말했다.

"큰 숟가락을 집어라!"

어린아이가 그에게 대답했다.

"아니요! 저는 많이 먹을 필요가 없어요!"

소년이 자기 숟가락으로 솥에서 죽을 한 숟가락 뜨자마자 바닥이 보였다!

"맛있네요, 그런데 양이 적어요!" 소년이 말했다.

폭초가 눈을 휘둥그레 떴다. 대체 어떻게 된 일일까? 불쾌해진 사람들이 말했다.

"뭐야, 폭초? 배불리 먹여 준다고 사람들을 불러 놓고는 아이 배가 차지도 않을 정도로 준비하다니! 보라고, 입맛만 다셨잖아. 좀 더 먹고 싶은데, 그것도 안 되고!"

"괜찮아요! 곡식을 더 살 테니, 상인들을 여기로 불러 주시오!" 폭초가 말했다.

사람들이 상인을 부르러 달려갔다.

폭초가 돈주머니를 풀었다. 그러자 주머니에서 동전이 저절로 빠져나와 상인들이 달려오는 길로 굴러갔다. 폭초가 동전을 잡으려 했지만 저절로 어디로 가는 것이 아닌가! 마치 손가락에서 물이 빠져나가듯 돈이 흘러나갔다. 곧 폭초의 양쪽 주머니는 텅 비어 있었다.

"괜찮소. 사람들을 대접하지 않을 수 없지! 가운을 팔아서 사람들을 배불리 먹여야지!"

그가 창고로 갔다. 그곳에는 온갖 종류의 가운이 걸려 있었다. 솜이 든 가운, 비단 가운, 물고기 가죽으로 만든 것, 사슴 모피로 만든 것, 순록 모피로 만든 것과 비단으로 자수를 놓은 가운, 순록 털 가운, 황금용을 수놓은 가운, 구리, 은과 금 단추가 달린 가운 등이 있었다. 폭초는 창고에서 가운들을 꺼내 왔다. 그러고는 다른 상인을 부르라고 소리 질렀다. 그러자 사람들이 그에게 말했다.

"자네 뭔가, 폭초, 뭘 팔고 싶다는 거야?"

"뭐라니?" 폭초가 말했다.

그가 내려다보니 그의 손에 있는 것은 딱따구리가 쪼아 먹은 자작나무 껍질이었다. 그리고 창고는 자작나무 껍질로 가득했다.

폭초가 소리쳤다.

"괜찮소! 나는 뻐꾸기를 잡아먹어 운이 좋은 사람이오! 철갑상어를 먹읍시다, 1년 동안 먹을 수 있을 정도로 잡았거든!"

"아이고, 아이고! 아무것도 없는 것을 아직도 모른다는 게요! 자네의 철갑상어는 없소!"

"그럼 대체 어디 있다는 거요?" 폭초가 물었다.

"뻐꾸기가 쪼아 먹었지."

"뻐꾸기가 쪼아 먹다니요?"

"말 그대로야. 뻐꾸기가 철갑상어 머리에 날아와 앉아 눈을 쪼아 대자 철갑상어가 몽땅 사라졌지! 자네는 뻐꾸기를 잡아먹었다고 말하지만 알고 보니 뻐꾸기가 자네를 잡아먹은 것이네."

사람들이 투덜대며 자리를 떠났다. 슬픔에 빠진 폭초가 자리에 누웠다. 그가 할 수 있는 것은 잠자는 것뿐이었다. 사람들이 그에게 소리치는 게 들렸다.

"아이고, 자지 말게, 폭초! 그러다 평생 자겠네!"

폭초는 부끄러웠다. 부끄러움에 온몸이 뜨거워졌다.

잠이 들었다.

꿈속에서 그는 사냥용 임시 처소에 앉아 있었고 모닥불이 그를 향해 활활 타고 있었으며 뜨거운 열기로 그의 장화는 우그러져 있었다.

게으른 폭초가 뛰쳐나왔다. 활을 집어 들었다. 스키를 타고 검은담비 발자국을 따라 달렸다.

"거기 서라! 빼꾸기가 갖다준 재물이 제아무리 많고 좋더라도 내 손으로 직접 잡은 검은담비 한 마리만 못하지!"

그의 말이 정말로 맞지 않은가!

용사 세누예

황폐한 마을, 빈집에 혈혈단신인 청년이 살고 있었다. 어느 날 잠을 자고 있던 청년이 꿈을 꾸었다. 키 작은 노인이 볼품없는 걸음걸이로 그에게 다가와 말했다. "대체 왜 이리 잠만 자는 게냐? 네가 태어난 곳을 가 보면 참 좋을 텐데!" 놀라 잠에서 깬 청년이 혼잣말을 했다.

"정말 희한한 꿈을 꾸었네!"

그는 재빨리 일어나 침대 밖으로 나온 후 문으로 다가가더니 벽난로 주위를 살펴보았다. 청년이 잠시 생각했다. '그래 맞아, 야생 곰의 굴을 본 것 같아. 곰이 밖으로 나와 나를 잡아먹을 수도 있을 거야, 휴우.' 그는 겁에 질려 떨다가 다시 자신이 잠자던 곳으로 달려가 담요 속에 몸을 감춘 후 다시 잠에 빠졌다. 다시 꿈을 꾸었다. 좀 전에 보았던 노인이 다시 나타나 가까이 온 후 말했다.

"죽음이 그렇게 두려운 게냐! 누군가 너를 죽이려 한다면 그것은 단지 꿈속일 뿐이란다. 곰의 굴은 또 무슨 소리냐? 그것은 네 부모님이 불을 땠던 화로였단다. 지금 당장 나오지 않는다면 철 회초리로 때려 줄 테다."

청년은 재빨리 일어나 문으로 가까이 갔다. 문을 몹시 열고 싶었지만 오랜 시간 주저했다. 한동안 두드려 보기도 슬쩍 밀어 보기도 하다가 문을 빠끔히 열었다. 겨우 밖으로 나왔다. 밖의 눈부신 햇빛으로 그는 잠시 어지러워 비틀거렸다. 잠자코 서 있던 그가 스스로에게 힘을 내라고 말했다.

"나는 사람이야, 결코 쓰러지지 않아."

집 주위에는 큰 풀이 자라고 있었다. 청년은 이 손, 저 손으로 풀을 뽑으며 집에서 강으로 가는 길을 치웠다. 그렇게 강기슭까지 간 후 자신이 만든 길을 보고는 대견해하며 환호했다.

"이런, 이런, 굉장히 넓은 길이 만들어졌군! 우리 부모님도 이런 길은 상상도 못 하셨을 거야."

기슭에는 돌과 모래가 쌓여 있는 곳이 있었다. 청년은 그곳에서 하루 종일 하는 일 없이 앉아 있었다. 저녁 무렵 새들이 짹짹거리며 그가 있는 곳으로 날아오자 그는 일어나 집으로 향했다. 집으로 가는 동안 생각에 잠겼다. '내일 이 새들을 사냥해야겠다!'

다음 날 아침 집을 둘러보던 청년은 아버지가 쓰던 화살과 활을 발견했다. 화살과 활을 가지고 숲 쪽으로 걸어갔다. 잠시 걷자 연못이 나왔다. 그는 연못 언저리에서 오리 네 마리를 잡았다. 불을 피워 한 마리를 구워 먹고 난 후 풀밭에 누워 잠이 들었다. 잠에 빠진 그를 어떤 할머니가 발을 밟아 깨웠다. 깜짝 놀란 청년이 소리쳤다.

"할머니, 뭐 하시는 거예요?"

할머니가 말했다.

"얘야, 내가 잘 안 보여서 너와 부딪쳤구나. 나는 이 연못 가운데에 혼자 살고 있단다."

"그러면 할머니 가족은 어디 있어요?" 청년이 물었다.

"적들이 우리 마을을 쳐들어왔을 때 나는 우리 남편과 함께 이 연못 가운데로 도망쳤지. 그로부터 5년 후 내 남편은 병이 나 죽고 말았고. 그때부터 내가 얼마나 살았는지 기억도 안 난단다."

"그럼 이 마을의 촌장은 어디로 데려갔는지 아시나요?"

"아마 쇠로 만든 새장에 가둬 데려갔을 거야."

"누가 할머니네 마을을 짓밟았나요?"

"불멸의 산 주인인 돌로 만든 사람이란다."

"그럼 그 사람이 마을 사람 모두를 어디로 데려갔는지 아세요?"

"얘야, 그들은 이 강을 따라 아래로 내려갔단다. 그런데 그것은 왜 묻니?"

"할머니, 제가 끌려간 촌장의 아들이에요. 할머니께서 지금 말씀하시는 동안 제가 앞으로 무슨 일을 해야 할지 알게 됐어요. 우리 부모님을 찾으러 가서 그 원수들과 싸우겠어요. 자, 할머니, 오리를 세 마리 드릴 테니 잡수세요."

이렇게 말을 마친 청년은 오리를 할머니에게 건네고 강기슭을 따라 아래로 내려갔다.

그가 타이가에 도착하자 날은 이미 어두웠다. 조금 지나가자 산에 불빛이 보였다. 기뻐하며 언덕으로 달려가자 일곱 마리 붉은 늑대가 짖으며 그에게 달려들었다. 늑대는 그가 발길질을 하자 뒤로 물러났다. 집으로 들어가기에 앞서 그는 인간의 뼈로 만든 빨래 건조대를 보았다. 건조대 아래는 해골 더미가 있었다. 깜짝 놀란 청년은 잠시 생각에 잠겼다. '그래, 무슨 일이 있어도 이곳에 머물러야겠다.'

집으로 들어가니 화롯가에 한 할머니가 앉아 있었다.

"할머니, 제가 할머니 댁에서 하룻밤 신세를 져도 될까요?"

"물론이란다, 그럼. 피곤해 보이는데 어서 자렴. 네가 용사 세누예 맞지? 대체 어디 가려는 것이니?" 할머니는 여우처럼 영악하게 물었다.

청년이 말했다.

"저는 제 아버지의 원수를 물리치러 갑니다."

그는 생각했다. '이 노인네는 마녀가 틀림없어. 내가 잠이 들면 분명히 죽이려 들겠지.'

자리에 누운 청년은 온갖 방법을 동원해 잠에 빠지지 않도록 노력했고 다행히 할머니가 먼저 잠이 들었다. 그는 조용히 일어나 화로에 있던 솥을 들어내 자기가 누워 있던 곳에 내려놓았다. 그러고는 자신은 침상의 다른 쪽으로 가서 누웠다. 자정이 되자 잠에서 깬 할멈이 망치와 찻잔을 가지고 고양이처럼 살금살금 청년이 누워 있던 자리인 솥 가까이로 살그머니 다가갔다. 그러더니 있는 힘껏 손을 들어 망치로 내리쳤다. 쨍! 솥이 깨지고 말았다. 청년은 바로 나와 소리를 질렀다.

"왜 한밤중에 솥을 부수며 소란을 피우세요?"

"얘야, 내가 밤마다 길을 잃고 헤매는 버릇이 있단다." 할멈이 속삭이듯 말했다.

청년은 아무 말도 하지 않고 자리에 누웠고 또다시 잠이 들지 않도록 애썼다. 할멈이 다시 잠이 들자 그는 조용히 일어나 다른 화로에 있던 솥을 들어내 자신이 자고 있던 곳에 내려놓은 후 깨진 솥 근처인 이전 자리에 누웠다. 얼마 후 할멈이 다시 일어나 청년이 내려놓은 두 번째 솥이 있는 곳으로 살그머니 다가갔다. 그러고는 큰 소리를 내며 솥을 깼다. 청년이 다시 일어나 물었다.

"대체 또 솥을 왜 부수는 거예요?

"손님이 오면 내가 이렇게 길을 잃는다니깐. 그런데 너는 왜 그곳에서 자고 있니, 네 자리는 여기 아니었니?" 할멈이 망치를 구석으로 집어 던지며 말했다.

"할머니, 저도 다른 집에서 자면 집 안을 계속 헤매고 다녀요." 청년이 웃으며 대답했다.

마녀는 청년이 자신을 속인 것을 알아채자 다른 방법으로 그를 죽이려 했다. 마녀는 뒤주에서 쇠를 꺼내 국자에 넣은 후 녹이기 시작했다. 쇠가 다 녹자 그녀는 입에 집어넣고 집 안에 뿌리고 다녔다. 그 순간 집은 쇠로 완전히 뒤덮였다. 집 밖으로 나가는 것이 불가능해졌다. 이 일을 마친 마녀는 노래를 부르며 자기 칼을 갈기 시작했다.

"이제, 당찬 청년아, 나한테서 어디도 숨을 수 없을 거야. 너를 죽인 다음 피는 빨아먹고 네 지방 덩어리는 불로 땔 거란다."

노래를 들으며 청년은 화살과 활을 꺼내 화살에게 속삭였다.

"너는 할멈을 관통해라, 그리고 문기둥을 관통해라. 또한 내가 너를 직접 빼기 전까지는 마녀를 놓아주지 마라." 이렇게 말하며 화살을 잡아당겼다.

화살은 할멈의 가슴을 관통한 후 문기둥에 박혔다. 마녀는 있는 힘을 다해 화살을 빼려 애썼지만 여의치 않자 청년에게 간청했다.

"젊은이, 나를 제발 놓아주게, 자네를 죽이지 않을 테니 말이야."

"내가 할멈을 놓아주기 전에 철갑을 치워요."

"이렇게 화살을 맞은 내가 어떻게 치우겠니? 네가 직접 화로에서 숯을 나에게 가져다주렴. 그러면 내가 침을 뱉을 테니."

청년은 숯을 가져와 할멈에게 주었다. 할멈은 숯에 침을 뱉으며 말했다.

"자, 이제 숯을 집 안에 발라."

청년이 숯으로 바르자 집 안에 있던 철갑은 얼음처럼 녹았다. 모두 녹자 청년은 숯을 화로에 던지고 할멈에게 다가가 화살을 빼 주었다. 할멈은 빨리 낫기 위해 상처에 침을 발랐다. 그러고는 교활한 목소리로 말했다.

"애야, 나는 이제 괜찮아. 있는 힘껏 너를 도와주마. 네 아버지 원수를 죽이러 간다고 했지? 네가 원한다면 네가 다치지 않도록 철 방패를 씌워 줄게."

청년의 머리에 스치듯 생각이 떠올랐다. '아이고, 나를 또 죽이려 하는군.' 그런 후 말을 꺼냈다.

"그럼, 어떻게 저에게 철 방패를 씌우실 거예요?"

마녀는 밖에서 새 솥을 가져와 화로에 올린 후 선반에서 단지를 꺼내 뚜껑을 열고 솥에 붉은 액체를 부었다. 잠시 후 화로의 불이 활활 탔다. 액체가 펄펄 끓기 시작하자 마녀가 청년에게 말했다.

"자, 이제 솥 안으로 들어가거라. 잠시 몸을 담그면 철인이 될 거야."

청년이 할멈의 거짓을 알아채고 말했다.

"할머니가 먼저 뛰어 들어가세요. 어떻게 뛰는지 보여 주세요." 할멈은 자신이 있다는 듯 머리 위로 손을 세 번 흔들더니 솥으로 뛰어들었다.

청년은 무거운 뚜껑을 재빨리 집어 들어 솥을 닫았다. 그리고 돌절구를 꺼내 뚜껑을 내리쳤다. 마녀는 솥 안에서 허우적거렸다. 얼마 후 솥에서 불기둥이 솟아났다.

청년은 기슭으로 가 배를 밀어내 타고 강을 따라 내려갔다.

해가 지기 직전에 그는 새 초가집을 발견했다. 기슭으로 다가간 청년은 노래를 하는 건지 아니면 우는 것인지 분명하진 않았지만 부드러운 여인의 목소리를 들었다. 집으로 들어가자 훌쩍거리며 우는 여자가 보였다. 청년을 본 여자는 울음을 멈추고 물었다.

"젊은 양반, 어디 가시는 분이신가, 그리고 여기는 어떻게 오셨나요?"

"아버지의 원수를 죽이러 가는 길입니다. 그런데 왜 그리 울고 계시나요?"

“젊은 양반, 내가 어떻게 울지 않을 수 있나! 오늘 강에서 빨래를 하고 있는 내 외동딸을 길림성의 샤먼이 잡아갔다네.”

“어디로 데려갔는데요?”

“강을 따라 밑으로 내려갔어. 아마, 악령들이 산다는 나무에 있겠지.”

“알겠어요, 울지 마세요! 제가 가는 길에 어르신의 딸을 찾아 구해 드릴게요.”

청년은 밤을 보내고 다음 날 아침 일찍 길을 떠났다. 하루 종일 걸었지만 해가 나무 위에 걸칠 때가 되어서야 겨우 바닷가에 도착했다. 기슭에 배를 정박하고 걸었다. 어두워져서야 그는 돌처럼 매끈하고 키가 큰 나무에 도착했다. 나무 아래를 지날 때 청년은 누군가의 말소리를 들었다. 자리에 멈춰 서서 그들의 말을 엿듣기 시작했다. 두 마리 새가 나뭇가지에 앉아 도란도란 이야기를 나누고 있었다. 한 마리가 말했다.

“동생아, 나 오늘 새로운 소식을 들었어. 상류에 사는 한 여자의 딸을 길림성 샤먼이 데려갔대. 바로 이곳에 곧 도착할 거래. 샤먼은 이 나무에 앉아 처녀의 심장을 꺼내 먹을 거라는구나.”

다른 새가 말했다.

"언니, 나도 재미있는 소식이 있어. 젊은 청년 세누에 용사가 아버지의 원수를 갚으려고 한대. 어쩌면 그 사람이 벌써 여기에 왔을 수도 있어. 아마 왔다면 우리 이야기를 듣고 있을지도 모르지."

언니 새가 큰 소리를 냈다.

"그래, 보잘것없는 그 사람이 어떻게 여기에 있을 수 있니. 내가 그 젊은 남자를 발견하면 눈을 쪼아 먹을 테야."

이 말을 들은 청년은 소름이 끼쳤다. 동생이 언니에게 부탁했다.

"언니, 왜 그렇게 나불대는 거야, 만약 그 사람이 들으면 어쩌려고! 안 좋은 일이 생길 수도 있잖아."

언니 새가 멍청하게 웃으며 말했다.

"들으라고 해, 난 하나도 안 무서워. 지금 내 눈앞에 나타난대도 나는 그 사람 눈을 쪼아 먹을 수 있다고, 완전히…."

말을 끝내기도 전에 화살을 맞은 새는 신음 소리를 내며 아래로 떨어졌다. 청년은 떨어진 새를 밟아 화살을 잡아 빼며 말했다.

"이 세상에 나를 쪼아 먹을 수 있는 새는 아직 태어나지 못했단다."

다른 새가 날아가며 소리쳤다.

"불쌍한 언니, 언니 스스로 명을 재촉하고 말았어."

청년은 죽은 새를 걷어차고 나무 아래에 앉아 담배를 피웠다. 거대한 새 코리가 날개를 요란스레 퍼덕이며 나무 근처로 날아오고 있었다. 코리의 등에는 처녀가 서럽게 울고 있었다. 청년은 화살과 활을 준비하고 때를 기다렸다. 코리가 나무 주위를 에워싸고 등을 아래로 뒤집자 처녀가 떨어지더니 나뭇가지 사이에 걸리고 말았다. 코리가 처녀를 내려다보며 말했다.

"자, 드디어 우리 집에 도착했다. 네가 아무리 아름답다 할지라도 너를 죽일 수밖에 없지."

이 말을 하고는 처녀의 가슴을 주둥이로 쪼았다. 처녀가 꺽꺽 울었다. 세누예 용사는 몸을 부르르 떨며 속으로 말했다. '사람을 죽이는데 나는 가만히 서서 보고만 있을 것인가.' 그러고는 화살로 과녁을 조준하며 소곤거렸다.

"화살아, 너는 특별하지. 내 아버지의 아버지를 돌보았던 화살아. 이제부터 네가 나를 도와줘. 코리를 관통해 다오."

화살이 코리를 관통하자 코리는 몸을 비틀대더니 흔적도 없이 사라지고 말았다. 잠시 후 땅 밑에서 사람의 목소리가 들렸다.

"대단하구나, 젊은 놈이 나에게 이렇게 큰 상처를 입히다니. 하지만 네놈이 집에까지 무사히 갈 수 있을지는 아직 모르지."

"그래, 그래. 무사히 갈 수도 있고 어쩌면 죽을 수도 있겠지. 하지만 난 이제 네가 무섭지 않아."

그러면서 나무로 올라가 아가씨를 데리고 땅으로 내려왔다. 그는 그녀의 상처를 치료하기 위해 침을 발라 주며 말했다.

"아가씨, 당신의 어머니가 밤낮으로 당신을 생각하며 슬피 울고 있어요. 당신이 먼저 가 있으면 나도 곧 뒤따라가겠소. 그리고 나를 기다려 주시오. 자, 당신의 집을 향해 쏠 테니 이 화살에 앉아요. 집에 무사히 돌아가서 내 화살을 잘 간직해 주오."

처녀가 화살에 앉자 청년은 그녀의 집 방향으로 화살을 쏘았다. 밤이 되자 청년은 바로 그 나무에서 잠을 청했고 충분히 숙면을 취한 후 아침 일찍 바닷가로 걸어갔다. 한참을 지나 청년은 반으로 동강 난 작은 집에 도착해 안에 들어가 보았다. 노인이 바닥에 앉아 쐐기풀로 어망을 꼬고 있었다.

"안녕하세요, 할아버지." 청년이 말했다.

"젊은 양반! 어디를 가는 것이오, 또 어디서 오신 건가?" 노인이 물었다.

"영감님, 불멸의 석인을 찾고 있답니다. 제 아버지를 구하고 원수를 죽이러 갑니다." 잠자코 듣고 있던 노인이 말했다.

"여보게, 자네가 위험한 일을 꾸미고 있구먼. 여기서 그 사람이 사는 마을까지는 가깝네. 나는 그 사람의 일꾼이지. 만약 원한다면 내가 어떻게 살아왔는지 이야기해 주지."

"할아버지, 얘기해 보세요."

할아버지는 이야기를 시작했다.

"20년 전 우리는 아주 행복하게 살았지. 우리 마을은 이 바다로 흘러가는 강기슭에 있었네. 또 우리는 아주 부자였어. 당시 나는 이 마을 촌장의 목수였지. 촌장은 나와 아주 친한 친구였어. 어느 날 마을 사람들이 모두 자고 있을 때 석인이 부하들을 데리고 마을에 쳐들어와 우리 촌장을 포박했지. 촌장 부인은 아이를 집 안 대들보 기둥 뒤에 몰래 감추었어. 그런데 자세히 보니 자네가 빈집에 남았던 아이인가 보군. 홀로 자라더니 이제 석인과 싸우겠다고 여기까지 오다니 믿을 수가 없구나. 당시 적들은 마을의 집들을 부수고 뗏목을 만들어 마을 주민을 하류로 실어 보냈지. 우리 마을에는 촌장의 집만 덩그러니 남게 되었어. 석인은 촌장을 쇠사슬에 묶어 깊은 바다에 빠뜨렸어. 그때부터 바다 멀리 나가면 이상한 소리가 들리지, 쇠사슬이 철커덩거리는 소리가 나거든. 석인이 촌장 부인을 자기 부인으로 삼으려 온갖 애를 써 보았지만 수포로 돌아갔지. 그러자 그녀를 자기 집 아래에 있는 감옥에 가뒀다고 하더군. 아마 아직 살아 있을 거야. 나는 여기서 낚시를 하라고 잡아 두었어. 매일 아침 나는 싱싱한 생선을 석인에게 바치는 일을 하지."

청년이 물었다.

"할아버지, 할아버지께서는 촌장과 가까운 친구라면서 왜 그를 구하지 않았나요?"

"이보게, 그렇게 말하다니 자네가 모르는 것이 있네. 우리 같은 사람들이 그런 일을 할 수 있겠나? 그곳에는 밤낮으로 항시 창과 검으로 무장한 병사들이 탄 거룻배 스무 척이 주위를 돌며 보초를 서고 있어. 비록 자네가 운이 좋게 이 병사들을 무찌른다 해도 바다 밑바닥까지 어떻게 갈 수 있겠나? 게다가 돌 돛은 우리 같은 사람 백 명이 힘을 합쳐도 꿈쩍도 안 할 걸세." 할아버지가 웃으며 말했다.

"할아버지, 내일 마을에 가실 때 저도 함께 가겠어요." 청년이 할아버지의 말을 경청한 후 말했다.

"이보게, 싸움을 시작하기 전에 먼저 석인이 자신의 목숨을 어디에 숨겨 두었는지 찾아보는 것이 좋겠네."

"알겠어요, 할아버지. 힘을 다해 싸우겠습니다."

다음 날 아침 청년은 생선을 싣고 가는 할아버지와 함께 길을 나섰다. 그들이 암석을 지나자 마을이 손바닥처럼 훤히 보였다. 세누에는 할아버지에게 마을의 한쪽 가장자리로 가라고 하고 자신은 숲으로 가서 활과 화살을 감추었다. 그가 그것들을 통나무 구멍에 감추자 새 두 마리가 강 상류에서 날아와 그의 머리 주위를 돌더니 그와 나란히 앉았다. 새들이 파란색 머리로 원을 그리자 두 여인으로 바뀌는 것이 아닌가? 그들은 자신이 구한 아름다운 아가씨와 그녀의 어머니였다.

"두 분이 어쩐 일로 여기 오셨나요?"

"당신께서 우리를 구해 주셨으니 이번에는 저희가 도와야지요." 처녀의 어머니가 말했다.

"여자인 당신들이 할 수 있는 일이 뭐가 있겠어요?" 웃으며 그가 말했다.

"그건 걱정 마시고 어떻게라도 도와드릴게요. 적들과 싸울 때 위를 올려다보세요. 우리가 새가 되어 당신 머리 위를 빠르게 돌면 옆으로 비키세요." 처녀의 어머니가 말했다.

그러고는 두 여인은 다시 새가 되어 날아갔다. 뒤따라가던 처녀 새가 청년에게 소리쳤다.

"저희는 원수가 목숨을 어디에 감췄는지 찾으러 가요."

청년은 마을 중간 지점으로 가서 하인들의 배를 망가뜨리고 불을 피워 적들에게 싸움을 걸었다. 그가 소리쳤다.

"석인아, 내 아버지를 잡아간 못된 놈! 어서 나와 나랑 겨루자!"

모닥불 불꽃이 구름 위까지 타올랐다.

청년의 고함에 잠이 깬 석인이 하인에게 말했다.

"파리 한 마리가 강기슭에서 떠드는 것 같은데 가 보거라. 그리고 새로 끓인 우하[4]도 가져오게."

하인은 밖으로 나가 이마에 손을 대고 멀리 기슭을 바라보았다. 청년을 발견한 하인이 집으로 돌아와 우하를 바치며 말했다.

"주인님, 강기슭에서 참새만 한 남자가 고함을 치고 있네요. 제가 죽이고 오겠습니다."

석인이 마치 천둥이 치듯이 요란스레 웃더니 말문을 열었다.

"그렇게 하여라. 내가 우하를 먹는 동안 죽이고 오게. 네가 놈을 죽이면 포도주 한 상자를 상으로 내리겠다."

하인은 소매를 걷어 올리고 밖으로 나갔다. 곧 청년과 싸움이 시작되었고 하인은 쉬지 않고 청년을 내리쳤지만 청년은 하인의 공격을 너끈히 막아 냈다. 그러고는 천천히 말했다.

"자, 이제 그만하고 주인에게 돌아가 당찬 청년이 왔다고 전해 주시오."

---

4) 우하 : 생선과 감자, 당근, 양파 등 채소와 함께 끓인 러시아식 맑은 생선 수프.

이 말과 함께 그가 하인을 가격하자 하인은 왔던 길을 총알처럼 뛰어갔다. 하인이 분한 듯 눈물을 흘리며 주인에게 고했다.

"당찬 젊은이가 주인님께 싸움을 청합니다."

석인은 노발대발하며 우하 그릇을 바닥에 내리쳤고 바지에 허리띠를 채운 후 기슭으로 달려갔다.

청년은 원수의 얼굴에서 강인함을 보았다. 그는 작달막하지만 골격이 건장했다. 돌도 틈이 있고 철도 틈이 있었지만 이 사람은 빈틈이 전혀 없었다. 석인이 다가오자 세누예 용사가 그를 덮쳤다. 두 사람의 치열한 싸움은 끝이 날 줄 몰랐다.

한편, 청년과 헤어진 두 여인은 오리로 변신하여 곧장 바다를 건넜다. 3일 밤낮을 날아 사흘째 되는 날 드디어 다른 바닷가에 도착했다. 잠시 휴식을 취한 오리는 산양으로 변신하여 바닷가에서 산에 기어오르기 시작했다. 이틀을 기어오르자 구름이 모습을 드러냈다. 그들은 얼음을 타고 미끄러져 가며 겨우겨우 정상에 도착했다. 꼭대기에는 붉게 타오르는 호수가 있었고 한가운데에는 아주 작은 초가집이 있는 돌섬이 자리 잡고 있었다. 두 여인이 산양에서 다시 오리로 변한 후 호수로 날아가 초가집에 내려앉았다. 이곳에는 한 노파가 살고 있었다. 오리 소리를 들은 할머니는 바로 자리에서 일어났다. 오리들은 할멈이 묻기도 전에 앞을 다투어 서로 말하려 했다.

"할머니, 산의 주인이자 석인이신 우리 주인님이 저희를 보냈답니다. 용사 세누예가 자기 아버지를 구하러 찾아올 것이라고 당신께 전하라고 했어요. 아마 세누예는 주인님의 목숨이 여기 있는지 알게 되면 훔치러 올 거예요. 저희가 이곳으로 날아오는 도중에 그를 봤거든요. 저희가 먼저 왔지만 아마도 내일 저녁 무렵이면 그 청년이 도착할 거예요. 주인님이 자기 목숨을 가져오라고 저희를 보내셨어요. 아무도 못 가져가게 자기 집에 보관하고 싶으시겠죠."

"내가 주인님의 목숨을 아무에게도 안 주고 직접 갖다 주마."

"물론이지요, 할머니. 직접 가세요, 그래야 주인님이 좋아하실 거예요." 오리들이 말했다.

"편히 쉬고 있어라. 내가 목숨을 가져오마, 그래야 내일 아침 일찍 출발할 수 있지."

노파는 벽난로 속으로 사라졌다. 자정이 되어서야 노파는 빽빽하게 싼 꾸러미를 들고 벽난로에서 나왔다. 오리들은 잠자는 척했다. 노파는 잠자는 오리를 살며시 쳐다본 후 잠자리에 눕더니 달콤하게 코를 골았다. 오리들은 노파가 자고 있는 곳으로 살금살금 다가가 할멈을 단단히 묶었다.

그리고 꾸러미를 칼로 잘라 안을 들여다보았다. 마지막 포장을 풀자 작은 새가 나타났다. 어머니가 딸에게 말했다.

"딸아, 생각보다 물건을 아주 쉽게 구했구나. 잘 숨겨 두자."

둘은 차례차례 창문을 나가 왔던 길로 다시 날아갔다.

자, 이제 용사들의 결투로 돌아가자. 용사들이 치고받고 싸우는 소리가 강기슭까지 들렸다. 두 사람의 싸움으로 평지는 산이 되었고 두 사람이 외치는 고함 소리로 산이 다시 무너졌다. 그때 청년의 머리 위에서 오리 울음소리가 들렸다. 그가 올려다보자 두 마리의 오리가 빙글빙글 돌고 있었다. 싸움을 멈추고 그가 원수에게 말했다.

"여보게, 잠시 쉽시다, 내 죽음이 가까운 것 같으니 집사람에게 유언을 남겨야겠소."

석인이 호탕하게 웃었다.

"그렇게 약한 주제에 나랑 싸우러 왔다고? 난 아직 힘도 한번 못 썼거든. 그래, 알겠다, 가서 부인과 작별 인사를 하고 유언도 남기고 오너라."

청년이 옆으로 물러서서 무릎을 꿇었다. 오리가 낮게 날아와 석인의 목숨을 떨어뜨렸다. 청년은 몸을 쭉 펴서 목숨을 잡고서는 석인에게 다가갔다.

"이보게, 내가 풀에서 무엇을 찾았는지 한번 보시게."

유심히 들여다본 석인이 흥분을 감추지 못했다.

"자네 아주 몹쓸 것을 찾았어. 이런 물건은 사람을 죽일 수 있는 아주 치명적인 것이지. 자네가 보관하지 말고 나이 많은 사람에게 맡기게."

"언제부터 당신이 내 죽음을 걱정했지? 이 작은 새를 죽여도 나는 죽을 것이고 당신과 싸우더라도 나는 죽겠지? 이래도 저래도 죽지 않겠소?" 청년이 웃으며 말했다.

말을 마치기가 무섭게 청년이 작은 새를 죽이자 석인은 고통스러워하며 죽고 말았다.

원수를 물리친 청년이 석인의 집에 들어가 마루 가운데에 있는 솥 크기만 한 돌을 옆으로 밀치자 아래에 철문이 나타났다. 문을 열고 계단을 따라 잠시 내려가니 캄캄한 구석에 쇠약해 보이는 할머니가 있었다. 그는 할머니를 밖으로 데리고 나와 힘껏 안으며 말했다.

"어머니, 어머니가 살아 계시다니 얼마나 다행입니까!"

어둠에 익숙한 할머니는 햇빛 때문에 한동안 눈을 뜰 수 없었다. 잠시 눈을 살짝 뜨더니 청년에게 물었다.

"나를 어머니라고 부르는데 당신은 누구 아들이오? 나는 아들이 없소. 아니, 있었지만 빈집에 남겨 둬서 죽었을 게 분명하오."

청년이 말했다.

“어머니, 제가 어머니와 아버지께서 빈집에 놓고 간, 바로 그 아들입니다. 우리의 원수가 어머니를 여기 데려왔다고 들어 어머니와 아버지를 구하러 여기 왔습니다.”

할머니는 그제야 아들을 껴안으며 입을 맞추었고 기쁨의 눈물을 흘렸다.

그는 곧바로 하인들에게 사람들을 불러 모으라고 시켰다. 사람들이 도착하자 그는 가장 힘센 사람들을 골라 거룻배에 태워 바다 한가운데로 나갔다. 밤이 되어 그들은 경비를 서고 있는 거룻배에 도착했다. 청년이 소리를 질렀다.

“석인의 병사들아, 내가 당신들 주인을 죽였소. 당신들을 살려 줄 테니 편안히 고향으로 돌아가시오!”

20척의 거룻배에 있던 병사들은 호탕하게 껄껄 웃어 댔다. 병사들이 머리 위로 창과 검을 휘두르며 소리를 질렀다.

“감히 누구를 놀리는 것이냐? 목숨은 살려 줄 테니, 어서 다시 돌아가라.”

“여기서 기다리시오.” 청년이 사람들에게 말했다. 그러고는 바다로 뛰어내려 경비 거룻배 쪽으로 헤엄쳐 갔다. 그가 헤엄을 치자 집채만 한 파도가 그 앞에 일어났다. 첫 번째 거룻배에 다가가 뱃머리를 잡고 뒤엎었다. 갑옷을 입은 병사들이 허둥거리더니 바다에 빠지고 말았다. 그가 다른 거룻배를 공격하자 그 안에 있던 병사들도 겁에 질려 청년에게 외쳤다.

"우리에게 자비를 베풀어 주게!" 그러고는 마을로 도망쳤다. 청년은 가장 가까이 있는 거룻배를 따라잡아 안으로 들어갔다. 그리고 나이 많은 병사에게 노인을 바다에 빠뜨린 곳을 찾으라고 명령했다. 거룻배가 뱃머리를 돌려 노인이 있는 곳으로 노를 저어 가자 청년은 품 안에서 다람쥐 이빨만 한 도끼를 꺼내 바닷속으로 내려갔다. 바닥까지 다다르자 사슬을 풀고 빠져나오려고 발버둥을 치는 아버지가 보였다. 다가가 도끼로 사슬을 찍어 냈다. 사슬을 풀고 아버지의 손을 잡고 함께 헤엄쳐 올라왔다. 청년은 아버지를 거룻배에 태우고 꼭 안아 주었다.

"아버지, 살아 계시니 이렇게 만나게 되네요. 이것이 기적 아니면 무엇이겠습니까!"

노인은 청년의 어머니처럼 너무도 놀라 입을 다물지 못했다. 청년이 그가 원수를 죽이고 부모님을 구하러 온 과정을 이야기해 주자 아버지는 기뻐하며 청년에게 키스를 해 주었고 기쁨의 눈물을 흘렸다.

그날 청년은 아버지에게 모든 사람들을 자기 자리로 돌려보내 달라고 부탁하고 본인은 다른 길로 향했다. 하루 종일 걸어 어두운 숲을 지나 산기슭에 있는 큰 마을에 도착했다. 수백 명의 사람들이 마을의 촌장 집에 들어가고 나왔다.

청년이 한 노인에게 왜 주인의 집에 사람들이 들어가는지 물었다. 노인은 청년을 조심스레 살펴본 후 말했다.

"우리 주인님이 잔치 도중 코리 새로 변했는데 여행을 하다 한 당찬 젊은이에게 치명적인 부상을 입었다는구나. 여러 샤먼이 주술을 해 보지만 소용이 없고 그 젊은이의 화살을 뺄 수가 없나 봐. 샤먼들이 이구동성으로 이 화살은 그 주인만이 빼낼 수 있다고 하네."

청년은 잠자코 그 집에 들어가 죽어 가는 주인에게 다가가 말을 걸었다.

"영감님, 제가 화살을 가지러 왔습니다. 만약 살고 싶으시면 온 마을 주민과 함께 나에게 복종하십시오. 만약 동의하지 않으면 그냥 죽을 수밖에 없습니다."

노인이 울며 속삭였다.

"여보게, 제발 죽이지만 마시오. 온 마을 사람을 당신에게 데려오겠소."

청년은 즉시 노인의 가슴에서 화살을 뺐고 상처가 치유되도록 침을 발라 주었다.

다음 날 청년은 마을의 온 주민을 자신의 마을로 데려왔다. 그는 자신이 구해 준 처녀와 결혼을 한 후 그녀의 어머니도 마을로 데려왔다. 마녀의 집에 도착한 그가 집을 불태우자 그 자리에는 숯과 재만 남아 있었다.

마침내 집에 도착한 청년이 거의 쓰러져 가던 자신의 낡은 초가집을 발로 차자 초가집은 고래 등 같이 크고 넓은 집으로 바뀌었다. 그리고 자신이 데려온 마을의 사람들을 자기 집 옆에 집을 지어 정착하게 했다.

다음 날 아버지는 석인의 부하들과 함께 집에 도착했다. 그들은 먼저 도착한 사람들의 집과 나란히 터를 잡았다.

마침내 모두가 행복한 순간을 맞이한 것이다. 세누예는 매일 사냥을 다녔고 그의 부모님은 그 어떤 걱정과 근심 없이 편안하게 살았다고 한다.

아이오가

한 소녀가 살고 있었다. 그녀의 이름은 아이오가였다. 사람들은 마을에서 가장 아름다운 그녀를 몹시 좋아했다. 사정이 이렇다 보니 콧대 높은 아이오가는 오만하기 짝이 없었다. 자신을 아무리 보아도 싫증이 나지 않는다며 감탄에 빠지곤 했다. 깨끗한 구릿빛 대야를 들여다봐도, 물에 비춰 보아도 너무도 예쁜 자신의 얼굴은 질리지가 않았다.

자신만 황홀하게 바라보는 아이오가는 일을 할 시간이 없었다.

어느 날 어머니가 그녀에게 말했다.

"물 좀 가져와라, 딸아!"

아이오가가 말했다.

"제가 물에 빠질 수 있잖아요."

"그러면 나무를 붙잡아라." 어머니가 말했다.

"나무에 손이 긁히면 상처가 날 거예요."

"그러면 벙어리장갑을 껴라."

"장갑이 찢어질 거예요." 아이오가가 말했다. 그러면서 시종일관 구릿빛 대야만 들여다보며 자기가 얼마나 예쁜지 감탄하고 있었다.

"찢어지면 꿰매면 된단다."

"바늘이 부러질 텐데…."

"튼튼한 바늘 가지고 하면 돼."

"손가락 찔려요."

"튼튼한 사슴 털로 만든 골무를 끼면 된단다."

"골무가 터져요."

그때 옆집 소녀가 아이오가 어머니에게 말했다.

"제가 물 길으러 다녀올게요!"

소녀가 물을 길으러 갔다. 아이오가의 어머니는 반죽을 개어 레표시카를 만들었다. 그러고는 달궈진 화로에서 구웠다.

아이오가가 그것을 보고 소리를 질렀다.

"레표시카 주세요, 엄마!"

"지금은 뜨겁단다, 손에 화상 입을 수 있어!" 어머니가 말했다.

"벙어리장갑 낄게요."

"벙어리장갑은 젖어 있어."

"제가 햇볕에 말릴게요."

"그러면 쪼그라진단다."

"제가 무두질을 해서 펴 놓을게요."

"손이 아플 텐데. 딸아, 네 미모를 망가뜨리게 왜 일을 한다는 것이냐? 차라리 일을 즐기는 옆집 소녀에게 주는 게 낫겠다." 그러면서 엄마는 레표시카를 옆집 소녀에게 건넸다.

아이오가는 성이 났다. 강기슭에 앉아 물에 비친 자기 모습을 바라보았다. 옆집 소녀가 나란히 서서 레표시카를 먹고 있었다.

소녀가 아이오가에게 말했다.

"레표시카 가져, 난 괜찮아!"

그녀의 말에 기분이 상한 아이오가는 씩씩거리며 팔을 쭉 뻗어 손사래를 쳤다. 그러자 그녀의 팔이 날개로 변했다.

"필요 없어!"

아이오가가 소리를 질렀다. 그녀는 성질을 참지 못하고 비틀거리더니 물속에 풍덩 빠졌고 그러자 오리로 변하고 말았다. 그녀는 헤엄을 치며 외쳤다.

"아아, 내가 얼마나 예쁜데! 아아아… 내가 얼마나 예쁘다고!"

그러고는 나나이어로 말하는 것을 잊을 때까지 계속 헤엄을 쳤다. 결국 모든 단어를 잊어버리고 말았다. 다만 사람들이 혼동하지 않도록 자기 이름은 정확하게 기억했다. 그래서 사람을 보기만 하면 외친다고 한다.

"아이오가! 아이오가!"

두 형제

아버지와 두 아들이 살고 있었다. 아버지는 아들들에게 글과 사냥 중 무엇을 가르치는 것이 좋을까 고민이었다. 마침내 어느 날 아들에게 사냥을 가르치기로 마음먹고는 동물의 발자국은 어떻게 다른지, 새소리는 어떻게 구별하는지, 타이가에서 해와 별이 어떻게 길을 보여 주는지를 설명해 주었다.

그러던 어느 날 아버지는 작은 공 두 개와 단검 두 자루를 사서 아들들에게 보여 주었다.

"내가 죽으면 이 공들을 내 머리 위에 걸어 놓다가 각각 하나씩 나눠 가져라. 멀리 타이가로 사냥을 떠날 때에는 이 공을 항상 품 안에 품고 있어라."

아버지가 돌아가시자 아들들은 아버지 머리 위에 공을 걸어 놓았고 장례를 치른 후 각자 하나씩 가졌다.

어느 날 이른 아침 형제는 함께 사냥을 떠났다. 타이가로 한참을 들어가자 맞은편에 곰이 그들 쪽으로 오고 있었다. 두 사람은 숨어서 곰을 기다렸다. 곰을 향해 화살을 쏘려 하자 곰이 소리쳤다.

"내 새끼들을 줄 테니 제발 쏘지 마라!" 그러고는 새끼 곰

두 마리를 주었다.

형제가 계속 걸었다. 맞은편에 호랑이가 어슬렁거리며 오는 것이 보였다. 숨어 기다리다 쏘려 하자 호랑이가 말했다.

"내 새끼 두 마리를 줄 테니 나를 쏘지 마시오!" 호랑이가 새끼 호랑이를 주었다.

계속 걷다 보니 이번에는 늑대를 만났다. 늑대를 향해 화살을 쏘려 하자 늑대가 말했다.

"쏘지 마세요! 내가 새끼 두 마리를 줄게요!" 늑대도 말한 대로 했다.

한참을 걷자 여우가 보였다. 여우를 쏘려 하자 여우가 말했다.

"쏘지 마세요. 내가 새끼 두 마리를 줄게요!" 그러고는 두 마리를 주었다.

또다시 길을 계속 걸었다. 이번에는 토끼를 만났다. 토끼에게 활을 겨누자 토끼가 말했다.

"쏘지 마세요! 제가 새끼 두 마리를 드릴게요!" 토끼가 새끼 두 마리를 주었다.

두 형제가 여러 동물을 거느리고 다니다 보니 동물들 때문에 다툼이 벌어졌다. 그래서 동물들을 나누고 각자의 길을 가기로 했다.

동생은 이쪽으로, 형은 다른 쪽을 향해 떠났다.

동생이 타이가를 한참을 들어가다 산에 오르게 되었다. 산꼭대기에서 멈춘 그가 아래를 내려다보자 마을이 보였다.

집집마다 검은 깃발이 꽂혀 있었다. '마을에 내려가서 무슨 일이 벌어졌는지 한번 살펴봐야겠다.' 그는 마을을 향해 발걸음을 옮겼다. 마을에 도착해서 어느 작은 집으로 들어갔다. 그곳에는 노인과 노파가 살고 있었다. 동생이 할머니에게 물었다.

"집집마다 지붕에 깃발이 걸려 있던데 안 좋은 일이라도 있나요?"

"머리가 열두 개 달린 뱀이 황제의 딸과 결혼하고 싶어 한단다. 그 뱀이 보름 안에 신붓감을 데려오라고 했지. 만약 데려오지 않으면 온 마을 사람을 죽이겠다고 위협하면서 말이다. 이제 일주일밖에 안 남았단다."

동생이 말했다.

"제가 그 뱀을 죽여 드리죠!"

하지만 할머니는 놀라 물었다.

"정말로 죽이겠다고?"

"진짜 죽일게요!"

할머니는 황제에게 쏜살같이 달려가 용감한 청년의 말을 전했다. 황제는 할머니의 집에 와 젊은이에게 말했다.

"당신이 정말 머리가 열두 개 달린 뱀을 죽일 수 있겠소?"

그가 대답했다.

"그럼요, 죽이고 말겠습니다!"

그러자 황제가 말했다.

"만약 뱀을 죽인다면 내 딸을 당신에게 주겠소!"

동생은 황제의 딸에게 자신의 포부를 밝힌 후 그녀와 함께 뱀을 죽이기 위해 길을 떠났다. 하지만 황제는 생면부지의 청년이 자기 딸을 낯선 곳으로 데려갈 수 있다고 생각했다. 그가 신하에게 말했다.

"총을 들고 그의 뒤를 따라가 보아라. 만약 청년이 엉뚱한 곳으로 가면 쏘아 죽이고!"

한참을 걷던 동생이 잠시 쉬려 하자 어디선가 요란한 소리가 들렸다. 그가 돌아보자 뱀이 기어오고 있었다. 뱀이 그를 향해 오자 동생은 검을 휘둘러 머리 여섯 개를 잘라 버렸다. 비명을 지르며 뱀이 다시 달려들자 그는 다시 검을 휘둘러 세 개의 머리를 베었다. 뱀이 마지막 힘을 모아 또다시 덤벼들자 동생은 다시 한번 검을 휘둘러 뱀의 남은 머리마저 베어 버렸다.

싸움을 끝낸 동생이 지쳐서 잠시 눈을 붙이려 누웠다. 그가 누우며 새끼 곰에게 말했다.

"혹시 누가 올지 모르니 네가 나를 지켜 줘!"

하지만 보초를 서다 졸음이 쏟아진 곰은 호랑이에게 부탁했다.

"네가 우리 주인을 지켜 줘, 나는 잠을 좀 잘 테니!"

주인을 지키다가 시간이 지나자 호랑이도 졸기 시작했다. 호랑이가 늑대에게 말했다.

"네가 좀 지켜 줘, 내가 잠시 자는 동안에 말이야!"

늑대도 동생을 지키며 주위를 감시하다 역시 졸기 시작했다. 그러자 늑대는 여우에게 부탁했다.

"네가 보초를 서 줘, 난 잠을 잘 테니!"

여우가 주위를 지키더니 잠시 후 역시 졸기 시작했다. 그러면서 토끼에게 말했다.

"얘, 토끼야, 이번에는 네가 지켜, 나도 잘 테니!"

이제 토끼가 용사를 지키게 되었다. 한참을 지키다 토끼 역시 졸기 시작했다. 꾸벅꾸벅 졸다가 잠시 후 깊은 잠에 푹 빠져들고 말았다.

공주 일행을 뒤쫓던 황제의 신하는 토끼가 자는 것을 확인한 후 동생에게 살그머니 다가가 그의 검을 꺼내 머리를 베었다. 무심코 이 광경을 목격한 황제의 딸이 놀라 어찌할 바를 모르자 신하가 그녀에게 말했다.

"내가 뱀을 죽였다고 말하시오. 만약 그렇게 하지 않으면 내가 당신을 죽이겠소!"

그들은 함께 황제에게 돌아갔다. 곧 큰 잔치가 벌어졌다. 잠에서 깬 곰이 주인의 잘린 머리를 발견했다. 곰이 다른 동물들을 모두 깨웠다. 곰이 호랑이에게 물었다.

"왜 우리 용사의 머리가 잘려 있는 거지?"

호랑이가 대답했다.

"내가 잠자려고 늑대더러 지키라고 말했어."

늑대가 말했다.

"나도 잠이 와서 여우한테 주인을 보호하라고 했지."

여우가 말했다.

"나도 토끼더러 용사를 지키라고 하고 잠을 잤어."

그러자 동물들은 토끼를 나무라기 시작했다. 토끼가 말했다.

"나에게 1분만 시간을 줘, 제발! 도망치려는 게 아니야. 어떻게 도움을 줄지 찾아볼게."

곰이 말했다.

"네가 어디로 도망친다 해도 우리가 찾아내고 말 거야!"

토끼를 풀어 주자 토끼는 어디론가 전속력으로 도망쳤다.

한참 후 토끼가 약 두 병을 가지고 돌아왔다. 용사의 머리에 약을 바르기 시작했다. 곰이 그의 머리를 잡고 목에 붙였다. 그다지 잘 붙지 않자 다시 머리를 떼었다 붙였다. 이번에는 정확히 맞게 붙자 용사는 곧 예전처럼 건강한 모습을 되찾게 되었다. 그러고는 곧바로 황제를 찾아갔다.

동생이 황제의 궁으로 들어가자 딸이 그를 맞이하러 달려 나왔고 그를 껴안으며 아버지에게 말했다.

"바로 이분이 뱀을 죽였어요! 이 용사가 뱀을 죽였다고요! 아버지의 신하가 저를 협박했어요."

황제는 신하를 처형하고는 자신의 딸을 젊은 용사에게 주었다. 두 젊은이는 혼인을 했다.

하루는 용사가 사냥을 떠나기로 했다. 가던 중 나무 꼭대기에 앉아 있는 한 할머니를 만났다.

"할머니 거기서 뭐 하고 계세요? 왜 나무에 앉아 계신 거예요? 어서 내려오세요!"

"내가 어떻게 내려가겠니? 너와 함께 있는 네 사냥개가 무섭단 말이다!"

"걱정 마시고 내려오세요. 제 개는 아무 짓도 안 할 테니까요. 괜히 겁먹으신 거예요!"

할머니가 나뭇가지를 부러뜨려 용사에게 던져 주며 말했다.

"이 나뭇가지로 개를 좀 때려 줘!"

그는 할머니의 말을 따랐다. 자신의 개들을 몇 대 때렸다. 그러자 사냥개들은 딱딱한 돌이 되었고 그 자신도 점점 굳어 갔다.

용사가 품에서 재빨리 공을 꺼내 나무 위에 겨우 걸었지만 돌로 변하는 것을 피할 수 없었다.

얼마 후 우연히 형이 이 길을 걷게 되었다. 그가 할머니를 보고 말했다.

"할머니, 위에서 뭐 하고 계세요? 어서, 어서 내려오세요!"

"당신 개가 무서워 그렇지!" 그녀가 말했다.

용사의 형은 다시 할머니에게 말을 했다.

"어서 내려와요! 내려오지 않으면 제가 할머니를 죽이겠어요!"

"쓸데없는 소리를 하는군, 그래도 안 내려갈 테다!" 할머니가 말했다.

형은 총에 납으로 만든 총알을 장전하고 할머니를 향해 방아쇠를 당겼다. 할머니가 몸을 피하자 총알은 뒤로 날아갔다. 이번에는 강철 총알을 장전하고 다시 할머니를 향해 쏘았다. 할머니를 맞히자 돌이 된 동생은 다시 사람이 되었다.

이 일이 있은 후 형제는 화해를 하고 더 이상 다투지 않게 되었다. 동생은 부인에게 돌아가 형과 함께 한 마을에서 살게 되었다. 두 형제는 항상 함께 사냥을 다녔다. 둘은 행복하게 살았고 좋은 사냥꾼이 되었다.

아름다운 아가씨 얄가하 푸딘

먼 옛날 젊은 남편과 부인이 가정을 이루며 살고 있었다. 남편은 아주 어린 여동생이 있었다. 처음에는 모든 것이 아주 좋았다. 그의 부인은 시누이를 매우 예뻐했고 좋은 올케가 되어 잘 보살펴 주었다. 소녀가 자라 열네다섯 살 무렵이 되었을 때였다. 시누이는 아주 아름다웠다. 그녀의 땋은 머리가 땅에 닿을 정도로 길어지자 올케는 그녀의 미모를 질투하기 시작했다. 그녀는 미운 마음에 남편에게도 좋은 음식을 내주지 않게 되었다. 마침내 올케가 시누이를 꾸짖고 때리며 구박하기 시작했다.

한번은 소녀가 느릅나무 조각을 모아 물을 긷는 데 쓸 바구니를 만드는 척하며 자기 몸이 들어갈 만한 크기의 바구니를 만들었다. 자신의 치수를 재어 만든 후 칼로 문양을 만들어 찍었다. 모든 작업을 마치자 소녀는 바늘, 실, 생선 껍질 조각을 넣어둔 우쿨차[5]를 챙겼다. 밤이 되자 그녀는 몰래 밖으로 나갔다.

밤은 고요했다. 소녀가 강가로 내려갔다. 강물은 마치 기

5) 우쿨차 : 나나이족의 여성용 가방.

름을 부어 놓은 듯 매끈거렸다. 그녀는 바구니에 몸을 싣고 작은 가방을 내려놓은 후 떠내려갔다. 배고픔을 잊기 위해 유콜라[6]를 뜯고 강물을 마시곤 했다. 어느덧 아무르강 중류까지 왔다. 갑자기 북쪽에서 바람이 불기 시작하자 아무르강이 조금씩 출렁이더니 바구니를 더 멀리 밀어냈다.

소녀는 낮에는 아무도 그녀를 발견하지 못하도록 바구니 안에 몸을 구부려 앉아 있었고 밤에는 몸을 내밀고 다리를 물에 내놓고 떠갔다.

어느 날 오후 멀지 않은 곳에서 사람의 목소리가 들렸다.

"오오! 정말 예쁜 바구니가 떠간다! 꺼내자!" 사람들이 놀라 외쳤다.

그러나 바구니는 사람들의 손을 피해 비켜 가더니 멀리 도망치듯 떠내려갔다. 다음 날도 똑같은 일이 일어났다. 파도에 바구니가 흔들거렸다. 사람들이 바구니를 발견하고는 말했다.

"바구니가 강 가운데에 떠가고 있어. 기슭으로 끌어오자!"

사람들이 웅성거리고 요란스레 떠들었지만 바구니는 또

---

6) 유콜라 : 혹한기와 비상시를 대비해 붉은 생선이나 순록 고기를 말려 만든 동시베리아와 극동 소수민족의 음식.

다시 그들로부터 멀어져 갔다. 밤이 지나 잠에서 깬 소녀는 바구니가 멈춘 것을 알게 되었다. 기슭으로 떠내려와 어떤 집 근처에 멈춘 것이었다. 집으로 가는 오솔길이 보였다. 소녀는 기슭으로 올라와 팔과 다리를 쭉 편 후 집을 향해 걸었다. 바구니는 집 앞에 있는 관목 사이에 숨겨 두었다. 집에는 아무도 없었지만 남자 옷이 있는 걸 보니 사람이 살고 있는 것이 분명했다. 집 안은 깨끗하고 잘 정돈되어 있었다. 배고픈 소녀는 뭐라도 먹기 위해 우쿨차를 화로 옆에 내려놓았다. 느릅나무로 만든 대접에는 차가운 고기가 가득했다. 문양이 없는 느릅나무 대접은 남자가 만든 것이었다. 소녀는 먹다 남은 부다[7]를 후루룩 마시고 고기도 조금 먹었다. 화로에는 담뱃잎이 있었다. 그녀는 담배를 채워 넣고 피우기 시작했다. '주인이 나를 받아 주지 않으면 어쩌지? 그러고는 벽난로에 불을 지폈다. 주인이 없는 남의 집에 들어가면 반드시 불을 지펴야 하는 풍습이 있었기 때문이다. 그때 발걸음을 재촉하는 남자의 화난 목소리가 들렸다.

"누가 내 집에 들어와 화로에 불을 지핀 거야? 악령이라면 내가 날카로운 창으로 대접해 주지."

놀란 소녀는 도망치려 했지만 젊은 남자가 먼저 들어와

---

7) 부다 : 소금 간을 하지 않은 쌀죽.

그녀를 발견했다.

"아가씨, 겁내지 마세요. 저희 이웃에 부샤쿠 악령이 살고 있는데 그 마녀가 우리 집에 온 것이라 생각했소. 이렇게 늦은 밤에 어디를 가시려고요, 그냥 저희 집에 있으세요."

청년은 소녀에게 고기로 가득 찬 바구니를 가져와 제일 좋은 덩어리를 꺼내 끓이기 시작했다. 고기가 삶기자 청년은 솥에서 고기를 건져 식탁에 내려놓으며 속으로 쾌재를 불렀다. '옌두리 신령님이 이렇게 예쁜 처자를 보내 준 것이야!'

두 사람은 앉아서 식사를 하면서 한동안 아무 말도 하지 않았다.

"아가씨, 우리 집에 남아 사십시오. 나에게 음식을 만들어 주고 옷을 기워 주시오."

소녀는 그의 집에 남게 되었다. 그에게 옷을 기워 주고 식사를 준비했는데 그녀는 무엇이든 척척 만들어 냈다. 옷을 만들 때마다 새로운 문양을 생각해 냈다. 어느 날 청년이 보드카가 든 술잔을 식탁에 내려놓으며 말했다.

"이것은 평범한 잔이 아니라 혼례 잔이오. 나와 결혼합시다."

두 사람은 혼인을 하고 행복하게 살았다. 그러나 그의 집 근처에 사는 악령 부샤쿠가 문제였다. 그녀는 항상 청년을 주시하고 있었다. 오래전부터 그를 좋아해 시집을 가고 싶어 했으나 그가 허락하지 않았기 때문이다. 아내가 악령이 무서워 남편에게 말했다.

"당신은 왜 매일 사냥을 가시는 거예요? 집에는 먹을 것이 충분히 많은데. 며칠이라도 집에 있어요, 저 혼자 심심하고 외롭잖아요."

"아니오, 사냥꾼인 내가 집에서 무엇을 하겠소? 별일 없을 테니 걱정 말고." 남편이 그녀를 안심시키며 말했다.

하지만 그는 매일 더 먼 곳으로 사냥을 다녀 귀가 시간이 점점 더 늦어졌다. 이 무렵 부인은 때로는 비단 실을, 때로는 작은 바늘을 빌리러 악령의 집에 잠시 들르곤 했다.

"우리 친한 언니 동생 하기로 하자. 대신 네 남편한테는 말하지 말고." 악령이 부인에게 말했다.

그 후로 부인은 남편에게 더 이상 집에 있으라고 부탁하지 않았고 하루 종일 악령과 함께 시간을 보냈다.

한번은 악령 부샤쿠가 찾아왔다.

"우리 서로 옷을 바꿔 입어 보자. 네 옷을 한번 입어 보고 싶어. 너는 내 옷을 입어."

둘은 옷을 바꿔 입었다. 부샤쿠가 그녀를 집에서 불러내 유인했다.

"여기서 멀지 않은 곳에 맑고 아름다운 호수 있는 거 아니? 호수 바닥에 여러 색깔의 조약돌이 있어. 호숫가에 가서 함께 뛰어놀자. 겁내지 마, 물에 빠질 일은 없을 테니."

부인은 어리석게도 그녀를 믿어 버렸다. 한참을 걷다 보니 해가 저물었다.

"왜 이렇게 멀리 가는 거야? 곧 우리 남편이 돌아올 텐데, 내가 집에 없는 걸 알면 걱정할 거야."

마침내 호숫가에 도착했다. 호수는 솥처럼 동그랗고 깨끗했지만 험해 보였다.

"저기 봐, 바닥에 예쁜 돌멩이가 정말 많지?" 부샤쿠가 말했다.

부인이 몸을 숙이자 악령은 그녀의 목에 돌을 묶은 줄을 걸어 물속으로 밀어 넣었다. 부인의 옷을 입은 부샤쿠가 집으로 돌아갔다. 하얀 가루를 삼키자 몸집이 부인과 비슷해졌고 그녀처럼 가는 목소리를 갖게 되었다.

남편은 부인의 무릎을 베고 누워 그녀가 하는 이야기를 즐겨 들었다. 그날도 남편은 부인에게 부탁했다.

"여보, 나에게 옛날이야기를 해 주오. 나는 당신 무릎을 베고 누울 테니."

그녀가 이야기를 시작했다. 남편이 부인의 얼굴을 올려다보자 표정이 평소와 달라 보였다. 그리고 목소리도 뚝뚝 끊어지며 꺽꺽거리는 것이 영 이상했다.

"당신 무슨 일 있소? 목소리가 갈라지는데?"

"당신이 집에 없으니깐 너무 심심해서 물 위를 맨발로 걸어 다녔더니 몸이 좀 으슬으슬하네요." 부샤쿠가 대답했다.

남편은 그녀의 말을 믿었다. 잠자리에 들자 이번에는 부인의 몸이 이상하리만큼 따끔했다.

"당신 몸이 왜 그리 따끔거리는 것이오?" 남편이 물었다.

"부인이 남편을 그리워하면 몸이 이렇게 된답니다."

남편은 이번에도 그녀의 말을 믿고 점점 그녀에게 익숙해져 갔다.

한편 그의 진짜 부인은 물속에서 괴로워했다. 남편과 집이 그리웠지만 목에 있는 돌 때문에 물 위로 올라갈 수가 없었다. 그녀는 호수 바닥에서 1년을 이렇게 머물렀다. 진흙과 모래가 그녀의 몸을 덮고 있었다.

호수에서 멀지 않은 곳에 집 한 채가 있었다. 그곳에는 노부부가 살고 있었다. 1년에 한 번 하늘에서 말무리가 그들을 찾아왔다. 노인은 말들을 방목하고 호수에서 씻기며 물을 먹였다. 그날은 말무리가 하늘에서 내려오는 날이었다. 노인이 말 떼를 호수로 데려갔다. 노인은 호수 가운데 물속에서 이제껏 없던 아름답고 신선한 꽃이 비치는 것을 보았다. '저것이 무엇이지?' 말들이 냄새를 맡자 놀라며 급히 뒷걸음쳤다. 노인이 요술 채찍으로 말을 때리자 말들이 다시 잠잠해졌다. 말들은 물을 마시고 씻었다. 그러고는 아무 일 없었던 것처럼 다시 구름 위로 올라갔다. 노인은 집으로 돌아왔다.

1년이 지나 다시 하늘에서 말들이 내려왔다. 노인이 말을 씻기러 호수로 데려왔다. 호수에 있던 꽃들 중 반쯤은 시들어 있었다.

1년이 또 지났다. 다시 말들이 내려왔다. 말과 노인이 호수에 도착했다. 그곳에는 꽃 한 송이만이 힘없이 흔들거리고 있었다. 말들이 또다시 물러서려 하자 노인은 채찍을 들어 말을 잠잠케 했다. 말이 물을 마시고 씻은 후 하늘로 올라갔다. 노인은 '대체 호수에서 무슨 일이 벌어지는 걸까?' 궁금해지기 시작했다. 그는 관목 사이에 몸을 숨기고 앉아 줄담배를 피웠다. 그때 호수 위로 신음 소리가 들려왔다.

"마지막 숨을 겨우 내쉬고 있어요. 여보, 여보, 저는 죽어가요…."

나지막한 목소리가 들려왔다. 노인이 자신의 손바닥을 들어 자세히 들여다보자 손바닥에는 호수에서 멀지 않은 곳에 그녀의 남편이 살고 있다고 쓰여 있었다. 노인은 키우고 있던 작은 새를 새장에서 내보내며 속삭였다.

"내 말을 잘 들어라. 젊은이에게 날아가라. 여기서 멀지 않은 곳에 산단다. 그에게 모두 얘기해 주어라. 몸조심하고."

남편은 밖에 나와 앉아서 칼로 무언가를 깎고 있었다. 새 한 마리가 그에게 날아와 노래를 불렀다. 새소리를 알아들을 수 있는 남편은 새의 말대로 노인을 찾아갔다. 노인이 그에게 말했다.

"여보게, 자네 지금 누구와 살고 있나? 자네는 지금 악령이랑 살고 있네. 자네 진짜 부인은 죽어 가고 있고."

"제 부인을 어떻게 구할 수 있죠?" 젊은이가 흥분하여 말했다.

노인에게는 비단으로 만든 어망이 있었다. 두 사람은 호수에서 어망으로 부인을 끌어 올리기로 했다. 마침내 그녀를 구했지만 그녀는 이미 몸이 없어진 채 심장, 폐와 간만이 남아 있었다. 그리고 목에는 무거운 돌이 있었다. 노부부가 부인을 지극정성으로 돌보기 시작했다. 치료는 그럭저럭 도움이 되었다. 남편은 울음을 멈추지 못하고 말했다.

"나는 정말 몰랐소. 악령이 나를 속였다고 생각도 못 했고. 당신이 잘못한 것이오. 악령이 당신을 찾아온다고 내게 진작 말했어야 했는데." 남편이 부인을 나무랐다.

노인이 그에게 충고했다.

"당장은 부인을 집에 데리고 가지 말게. 우리 집에 남겨 두게. 그리고 자네는 악령을 처치하고."

남편이 혼자 집으로 돌아왔다. 밤이 되자 그가 악령을 안아 주었다.

“부인, 내일 노를 만듭시다.”

“그래요, 여보.”

다음 날 남편은 굵은 나무를 베어 노를 만들기 시작했다.

“여보, 나무의 저쪽 끝을 잡아 주오.”

그녀가 잡았다.

“저기 좀 봐요, 누가 아무르강에서 헤엄을 치고 있네!”

“어디요? 어디요?”

남편이 악령이 한눈을 파는 순간 머리를 도끼로 내리찍어 죽인 후 불에 태우자 그녀는 한 줌의 재가 되었다. 노부부의 집에서 부인을 데려온 후 두 사람은 예전처럼 함께 살기 시작했다. 하지만 항상 우울한 부인 때문에 남편은 걱정이 이만저만이 아니었다.

“당신은 왜 그렇게 슬픈 것이오?”

“예전에 저에게 오빠가 한 분 계셨죠.” 부인이 대답했다.

“살아 있는지 모르겠어요. 아마 죽었을 거예요. 한 번이라도 오빠를 볼 수 있다면 바랄 게 없겠어요.”

말을 마치자마자 두 사람은 떠날 채비를 하고 길을 나섰다. 남편이 한 번은 선미를, 한 번은 후미를 내리치자 배는 아무르강을 따라 순탄하게 떠갔다. 마침내 두 사람은 오빠의 집에 도착했다. 하지만 그는 하인처럼 지내고 있었다. 머리는 더벅머리에, 옷은 누더기 그 자체였다. 올케는 다른 남자에게 시집을 가 번듯한 옷을 입고 주인 노릇을 했다.

“저것 좀 봐요, 우리 오빠를 구박하잖아요. 오빠는 하인이 다 되었네요.” 부인이 울며 말했다.

밤이 되자 모두들 잠자리에 들었다. 오빠는 화로 곁에 누웠다. 그의 전부인은 새 남편과 매트 몇 개를 깔고 잠을 잤다. 남편이 그쪽을 향해 세 번 고개를 흔들며 누웠다. 아침이 되자 올케는 새 남편과 죽은 채 누워 있었다. 둘을 돗자리로 말아서 버렸다.

“형님, 저희 집으로 가요. 사실 저도 여동생이 하나 있는데 나쁜 사람들이 못 보게 꽁꽁 숨겨 놓았습니다. 제 부인도 이 사실을 모르죠.” 여동생의 남편이 말했다.

오빠는 그의 누이와 결혼을 했고 두 집은 사이좋게 살았다고 한다.

버드나무

옛날 어느 마을에 젊은 부부가 사람들과 멀찌감치 떨어져 살고 있었다. 주위에는 사람들이 다니지 않는 숲이 있었다. 부부는 아이를 갖기 위해 부단히 노력했지만 뜻대로 되지 않았다. 그들의 걱정은 단 한 가지였다. '우리가 죽은 다음 대가 끊어져 우리의 자손이 이 세상에서 사라진다면 어떻게 될까?'

그러던 어느 날 부인은 아기의 태동을 느꼈다. 하지만 본인도 믿기 어려워 남편에게 한동안 잠자코 있었다. 날이 갈수록 아이의 움직임이 힘찼다. '신께서 우리의 말을 들어주신 게 분명해.'

남편이 사냥에서 돌아왔다. 몹시 화가 나고 우울해 보였다. 부인은 평상시처럼 점심을 준비하고 있었다. 남편은 입맛이 통 없었다.

"좀 드세요, 좀 쉬시고. 당신께 할 얘기가 있어요." 부인이 말했다.

"부인은 뭐가 그렇게 기쁘고 좋소? 아이가 없으니 내겐 기쁨도 없소. 해도 예전보다 덜 밝은 것 같고."

남편이 음식을 조금 입에 대더니 자리에 누웠다. 부인이 그의 머리맡에 앉았다.

"있잖아요. 우리에게도 좋은 날이 올 것 같아요." 남편은 부인이 무슨 말을 하는지 바로 알아차렸다.

드디어 부부에게 행복이 찾아온 것이다. 남편은 더욱 열심히 사냥을 다녔다. 부인은 남편이 없는 동안 너무도 예쁘고 앙증맞은 딸 푸디켄을 낳았다. 아이 엄마는 미모가 뛰어나지는 않았지만 대신 상냥하고 일을 잘하는 살림꾼이었다. 남편이 가져다주는 모피를 한 조각도 허투루 버리는 법이 없었다. 작은 조각들은 모아 옷으로 만들었다. 언제부터인지 이 집에 하녀가 한 명 있었다. 어디서 나타났는지 아무도 모른다. 하녀는 요리와 청소 등 집안일을 했고 아이 곁을 한 발자국도 떠나지 않으며 돌보았다. 아이의 요람을 흔들어 주고 노래를 불러 주곤 했다. 딸은 하녀의 노래를 듣다가 잠이 들고 깨면 다시 듣다가 잠이 들며 꿈속에서 환한 미소를 지었다. 어머니는 어린 딸을 위해 벌써부터 혼수를 준비했고 몇몇 창고는 예쁜 옷으로 가득 채워 두었다.

어느 날 아이의 어머니가 병이 났다. 하루 만에 중병에 걸린 부인은 남편이 사냥에서 돌아오기만을 손꼽아 기다렸다.

마침내 남편이 돌아왔지만 부인은 한마디만 남기고 숨을 거뒀다.

"여보, 우리 딸을 잘 지켜 줘요."

남편은 자신에게 들이닥친 불행을 이해할 수도 감당할 수도 없었다.

장례식을 치른 후 하녀는 의도한 것처럼 종적을 감췄다. 하녀가 몇 해를 함께 살았지만 소녀의 아버지는 한 번도 그녀의 얼굴을 본 적이 없었다. 이제 그는 겨우 대여섯 살인 어린 딸을 위해서라도 사냥을 다녀야만 했다. 아버지가 사냥에서 돌아오면 홀로 남겨진 딸은 말끔히 세수한 얼굴에 머리도 잘 빗겨 있었고 집은 마치 누가 청소해 놓은 것처럼 깨끗했다. 딸을 보면 아버지는 모든 슬픔을 잊을 수 있었다. 하지만 사냥을 나가면 부인이 너무도 그리웠다. 그렇게 시간은 흘렀고 아버지는 딸이 조금씩 자라는 것을 느끼지 못하며 지냈다.

집에서 멀지 않은 곳에는 호수가 있었다. 푸디켄은 호수에 다니기를 좋아했다. 호숫가에 앉아 길게 땋은 머리를 풀었다. 그러면 바람이 아무리 사납게 불어도 호수는 마치 기름을 부은 듯 매끈하고 잠잠해졌다. 소녀가 머리를 물에 담그면 잔잔한 물결이 어디선가 나타나 그녀의 머리를 마치 빗겨 주고 쓰다듬으며 씻겨 주는 것 같았다. 푸디켄은 호숫가에 앉아 노래를 부르곤 했다.

한번은 변발을 한 잘생기고 건장한 청년이 손에 작살을

들고 그들의 집을 찾아왔다. 딸은 청년을 힐끔 쳐다보았다. 아버지는 기뻐하며 말했다.

"어떻게 왔나, 젊은이? 우리 집 가까이에는 사람이 살지 않는데."

"이리저리 떠돌아다니다 길을 잃고 이곳까지 오게 되었습니다."

그날 이후 청년은 그들의 집에 머물렀고 자연스레 딸의 신랑감이 되었다. 그는 대단한 사냥꾼이었다. 타이가에서 돌아올 때마다 엄청난 짐승 모피를 가져와 소녀의 발아래에 내려놓았다.

한번은 소녀가 혼자 집에 있는데 어디선가 자기와 똑같은 목소리로 그녀를 부르는 소리가 들렸다. 또 그녀가 좋아하는 노래를 불렀다. 그녀는 이상하게도 심장이 쿵쾅거렸다. 마음을 가다듬고자 호수로 가서 머리를 물에 담갔다. 그러자 물결이 일더니 그녀의 머리를 만져 주었다. 그녀가 노래를 부르기 시작하자 회오리가 생기고 파도가 치더니 물이 점점 불면서 넘쳤다. 물을 가르며 잘생긴 남자가 그녀 앞에 모습을 드러냈다. 그는 그녀의 남편보다 인물이 좋았다. 그가 소녀에게 물었다.

"내가 누군지 알겠니? 네게 노래를 불러 주고 재워 주며 키워 준 하녀를 기억하니? 내가 바로 너를 위로해 주고 사랑해 준 바로 그 하녀란다. 그러니 다른 남자에게 시집갈 생각은 하지 마라. 너는 내 신부니깐 내 아내가 되어야 한단다. 나와 함께 가자."

"저는 물속에서 살 수 없어요. 저는 땅에 사는 사람이잖아요." 소녀가 대답했다.

"그런 것은 걱정하지 마라."

그녀의 눈앞에 누군가 담요를 치운 것처럼 물이 갈라지더니 길이 생겼다. 밑으로는 대리석 계단이 나 있었고 깊이 가면 갈수록 더 아름다웠다. 계단을 따라 내려갔다. 물고기들이 그녀에게 인사를 했다. 그녀의 모습이 달라졌다. 머리에는 왕관이 씌워져 있었고 옷은 온통 번쩍거렸다.

"자, 어때, 마음에 들어?" 그가 물었다.

"잘 모르겠어요, 그런데 여기는 좀 춥네요."

한참을 가자 황금이 평범한 돌처럼 여기저기 굴러다녔고 은도 진주도 발에 차였다. 큰 마을이 나타났다. 그곳의 사람들은 여느 사람들과 달랐다. 반은 물고기, 나머지 반쪽은 사람의 몸을 하고 있었으며 모두들 그녀에게 고개를 숙이며 인사했다. 하지만 그녀는 불편했고 추웠다.

"저를 집으로 보내 주세요, 아버지를 만나야겠어요. 정직한 사람은 절대로 거짓 결혼을 하지 않는답니다."

그러자 그녀 앞에 길을 가로지르는 두 개의 개울이 나타났다. 하나는 금빛이고 다른 한쪽은 은빛으로 물들어 있었다. 양 갈래로 땋은 그녀의 한쪽 머리는 황금 개울로, 다른 쪽 머리는 은빛 개울로 드리워졌다. 하지만 그녀는 눈치채지 못했다. 곧 그들은 호수 밖으로 나왔다.

"푸디켄, 나를 잊지 마시오. 그러면 안 좋은 일이 생길 수 있거든."

"안 잊을 거예요. 다만 당신이 사는 곳은 너무 추워요."

"괜찮아. 곧 익숙해질 테니" 그가 대답했다.

딸이 집에 돌아왔지만 집에는 아무도 없었다. 아버지와 약혼자는 사냥을 간 것이다. 치렁치렁 땋은 그녀의 머리를 보니 한쪽 머리는 금빛, 다른 쪽은 은빛을 띠고 있었다. '아이고! 약혼자가 알게 되면 어쩌나!' 그녀는 머리를 비단 보자기로 싸매 잘 묶었다.

남자들이 사냥에서 돌아왔다. 약혼자가 그녀 곁에 드러누웠다. 그가 그녀의 머리를 어루만지려고 보자기를 풀자 금빛, 은빛 머리가 밖으로 풀려나왔다. 약혼자가 눈이 부셔 손으로 눈을 가렸다.

"당신 머리가 어찌 된 거요?"

"믿기 어려우시겠지만 제게 다른 약혼자가 생겼어요. 아마도 제가 태어날 때부터 이미 정해져 있던 것 같아요. 당신이 저를 단념하셔야 할 것 같아요, 그래야 우리 모두가 무사

할 거예요."

그가 대답했다.

"나는 내 손안에 들어온 것은 절대로 놓치지 않소." 그러고는 더 이상 아무 말도 하지 않고 작살을 들고 호수로 갔다.

호수는 이전과 완전히 달랐다. 파도가 성난 소처럼 거세게 일었다. 약혼자가 푸디켄의 목소리를 흉내 내며 말했다.

"무예 예데니[8] 님! 당신이 보고 싶어 왔어요. 어서 나오세요."

저 멀리 어디선가 남자의 목소리가 들렸다.

"어리석은 소리 하지 마라, 나와 싸우기 위해 온 것을 알고 있다."

"어서 나와라!"

"나는 겁쟁이가 아니니, 네가 필요하다면 언제든지 나가지." 그러더니 물속에서 서서히 올라오더니 가슴까지 모습을 드러냈다.

약혼자가 물의 신을 부추겼다.

"더, 더 올라오시오, 허리까지 말이오."

그가 모습을 더 드러내자 약혼자는 그를 향해 작살을 던지더니 이내 그에게 뛰어들었다.

---

8) 무예 예데니 : 물의 신.

푸디켄은 호수에서 심상치 않은 일이 일어난 것을 감지하고 집을 박차고 나와 달려갔다. 사나운 호수에 물 대신에 피만 흥건했다. 소녀는 울음을 터트렸다. 물의 신도 땅의 약혼자도 보이지 않았다. 둘은 물속에서 싸우고 있는 것이었다. 소녀는 호숫가에서 싸움이 끝나기만을 기다릴 뿐이었다. 얼마나 흘렀는지 모른다. 그녀는 어린 시절을 떠올렸다. 상냥했던 하녀를 기억하며 노래를 부르기 시작했다. 순간 호수가 잔잔해지더니 고요하고 맑게 변했다. 소녀가 자기를 들여다보기 위해 고개를 숙였다. 그러자 그녀는 보이지 않고 대신 나뭇가지가 많고 꼬부라진 버드나무가 비치는 것이었다.

소녀가 버드나무로 변한 것이었다. 버드나무 소녀는 호수에서 두 약혼자 중 누구라도 나오기를 기다리고 있었다. 나뭇가지인 손은 물을 향해 쭉 늘어뜨리고는 말이다. 끊임없이 기다리고만 있을 뿐이었다.

소년 촉초

팔은 안으로 굽게 되어 있다. 어떻게 다른 사람의 편을 들 수 있겠는가!

어느 한 마을에 나나이족 가족이 살고 있었다. 아들 촉초는 아직 어렸다. 아버지는 겨우내 사냥을 다녔다. 그래서 검은담비, 여우, 곰, 족제비, 늑대의 모피도 충분히 모을 수 있었다. 아버지는 동물의 모피를 보고 있자면 절로 웃음이 나왔다.

"겨울 채비를 위해 모피를 팔러 만주족 마을에 다녀와야겠다. 가서 음식과 새 어망, 소총, 화약, 탄피, 장난감을 사야겠어."

아버지는 여름이 되자 만주족 마을에 갈 준비를 했다. 아들이 아버지에게 부탁했다.

"저도 데려가요, 아버지!"

아버지 생각에는 가는 길도 위험하고 약탈자의 공격을 받을 수도 있을 것 같았다. 도중에 무슨 일이 생길지 누가 알겠는가.

"무슨 소리냐, 애야! 집에 남자가 없다는 게 가당키나 하더냐! 그럼 누가 어머니와 여동생을 돌보겠니? 너는 집에 남아 있어야 한단다."

그러고는 아버지는 혼자 길을 떠났다.

많은 시간이 흘렀다. 촉초는 이 기간 동안 칼을 사용하는 법과 대패질을 배웠다. 숟가락을 만들고, 작은 배도 만들었으며 나무를 잘라 썰매를 만들었다. 하지만 아버지는 돌아오지 않았다.

얼마 후 이웃 마을 사람들이 그곳에서 돌아왔다.

촉초의 어머니는 도착한 사람들에게 모시[9]와 유콜라를 대접했다. 그들이 음식을 먹은 후 담배를 피우며 촉초에게 말했다.

"우리가 너희 아버지와 함께 만주족 마을에 다녀왔지. 물건도 팔았고."

"그럼 저희 아버지는 어디 계시지요?" 촉초가 물었다.

사람들은 서로서로를 바라보았다.

"네 아버지는 말이다. 랸이라는 남자가 네 아버지 물건을 사고 싶어 하더니 결국 네 아버지의 모피를 모조리 다 샀지. 하루는 네 아버지가 정산을 하러 이 만주 사람을 찾아갔는데 돌아오지를 않는 거야. 알고 보니 랸의 무리는 상인이 아니라 약탈자들이라고 하더라고. 네 아버지의 모피를 몽땅

---

9) 모시 : 생선 껍질로 만든 요리.

가져가서는 결국 죽이고 만 것이지."

"왜 아버지를 지켜 주지 않으셨어요?" 촉초가 물었다.

사람들이 답했다.

"랸의 사람들은 아주 무지막지한 악당들이야. 또 우리는 수가 적었잖니. 설사 우리가 네 아버지를 지키려고 했더라도 랸의 무리가 우리 물건을 빼앗아 내쫓았을 것이고 결국 우리까지도 죽였겠지."

"그래도 잘못하셨네요." 촉초의 말을 들은 사람들이 불쾌해하며 배를 타고 가 버렸다.

촉초의 어머니는 눈물을 흘렸고 누이들 역시 울었다.

그의 가족은 눈이 퉁퉁 부을 정도로 실컷 울었다. 앞으로 어떻게 살아야 할까? 할 수 있는 것이 아무것도 없었다. 하지만 눈물을 흘린다고 아버지가 돌아오지는 않는다. 그들은 할 수 있는 무엇이라도 하려 했다. 큰누이는 창을 들고 타이가에 가 사냥을 했다. 여동생은 쪽배를 타고 아무르강으로 가서 낚시를 해 왔다. 어머니는 집에 남아 화로를 지키며 음식을 준비했다.

촉초가 어머니에게 말했다.

"저에게 털 장화를 만들어 주시고 레표시카를 준비해 주세요. 랸 무리를 찾으러 가겠어요. 복수를 하고 모피도 찾아올게요."

어머니가 말했다.

"무슨 소리냐, 촉초! 어디를 간다는 것이야? 너는 아직 어리단다."

촉초가 어머니를 바라보며 말했다.

"아버지가 저는 남자라고 말씀하셨어요. 남자는 가족을 보호하고 원수를 갚아야만 해요."

어머니가 보기에도 촉초는 고집이 세어 설득하기가 불가능했다. 결국 그에게 레표시카를 굽고 장화를 만들어 주었다.

촉초는 사냥용 두건을 두르고 허리에 칼을 찼으며 유콜라를 자루에 넣은 후 털 장화를 신고 가족들과 작별 인사를 하고는 길을 떠났다.

한참 동안 걸어가던 촉초가 큰 숲에서 발걸음을 멈췄다. 키가 큰 나무들이 있었다. 소나무, 참나무가 숲속에서 바스락 소리를 냈고 꼭대기가 흔들거렸다. 얼마나 큰 숲인지 끝이 보이지 않았다. 촉초는 두려워하지 않았다. 숲을 지나가며 레표시카를 먹고 칼을 가지고 놀며 노래를 부르자 어디선가 낯선 목소리가 들렸다.

"어디 가니, 작은 나나이족 소년아?"

촉초가 둘러보았지만 주위에는 아무도 보이지 않았다. 또다시 그를 부르는 소리가 들렸다. 촉초가 대답했다.

"아버지의 원수를 갚으러 가고 있지!"

"나를 도와주면 나중에 나도 너를 도울 테니 우리 친구가 되자!"

촉초가 누군지 돌아보니 돌 위에 도토리가 있었다. 나무에서 밑으로 떨어졌는데 바로 돌에 떨어진 것이다. 바싹 마른 채 누워 있는 도토리였다.

"나를 데려가 줘. 내가 네게 도움이 될 테니까."

촉초가 도토리를 가지고 계속 길을 걸었다.

한참을 걷다 오래전에 모닥불을 피웠던 곳을 발견한 촉초는 잠시 쉬려고 멈춰 섰다. 장화를 벗고 발을 위에 올려놓았다. 레표시카를 조금 베어 먹었다. 갑자기 끼익끼익하는 소리가 들렸다.

"어디 가니, 아이야?"

"아버지 원수를 갚으러 가는데 너는 누구니? 어디에 있는 거야?"

"네 곁에 있어. 잘 살펴봐."

촉초가 주위를 둘러보자 화로 안에 사냥꾼이 고기를 구울 때 사용했던 꼬챙이가 있었다. 검은 잿더미에서 꺼내 모래로 닦아 주자 꼬챙이는 새것처럼 깨끗해졌다.

"고마워, 촉초! 네가 나를 도와주었으니 이제 내가 은혜를 갚을게. 그러니 나를 데려가줘!" 꼬챙이가 소년에게 대답했다.

촉초는 꼬챙이를 데리고 계속 길을 걸었다. 또다시 누군가의 목소리가 들렸다. 어디 가느냐고 물었다. 촉초가 대답해 주었다. 그에게 물음을 던진 것은 생선 껍질을 벗기고 펼 때 사용하는 다듬이와 방망이였다. 누군가 다듬이에 못질을 했고 방망이의 손잡이를 망가뜨려 놓았다. 촉초가 다듬이의 못을 빼내고 방망이의 손잡이를 새로 만들어 주었다.

"정말 고마워, 촉초! 네가 우리를 도와줬으니 우리도 너를 도와줄게. 우리를 데려가 주라!" 그들이 그에게 말했다.

촉초가 다듬이와 방망이를 데리고 계속 길을 걸었다. 한참을 가다 보니 개울에 도착했다. 개울이 범람해서 더 이상 길이 없었다. 어떻게 해야 할까?

그때 촉초는 누군가 그를 부르는 소리를 들었다.

"여보시게, 이웃사촌! 나 좀 도와주시오, 그러면 나도 자네를 도와주겠네! 당신의 친구가 될 것이야!"

촉초가 돌아보자 민물꼬치가 물에 휩쓸려 쓰러진 자작나무에 깔려 있었다. 빠져나오려고 앞뒤로 움직여 보았지만 애꿎은 꼬리만 흔들 뿐 아무런 소용이 없었다. 민물꼬치는 숨이 막혀 죽을 지경이었다. 촉초가 자작나무를 옆으로 밀어젖혀 민물꼬치를 빼내어 주었다.

"어떻게 개울을 건너갈 거니? 내 위에 올라타, 내가 건너게 해 줄 테니."

촉초가 민물꼬치 위에 올라탔다. 그러자 한순간에 그들은 반대편 개울가에 도착했다.

"나를 데려가 줘, 네게 도움이 될 거야!"

민물꼬치가 그에게 말했다. 촉초는 민물꼬치를 자루 안에 넣은 후 계속 길을 걸었다. 멀찌감치 벌써 아무르강이 보였다. 풀밭에 있는 스키 한 짝이 눈에 들어왔다. 불쌍해 보였다. '좋은 스키인데, 한 짝이네!' 그때 멀찌감치 떨어져 있는 다른 한 짝도 발견했다. 누군가 한 짝을 나뭇가지에 던져 놓은 것이다. 촉초는 다른 한 짝을 가져와 제 짝 옆에 가지런히 놓아 주었다.

"당신이 우리를 도왔으니 우리도 당신을 돕겠습니다! 어디로 가시나요, 작은 나나이 님?"

"아버지 원수를 갚으러 가고 있어! 이제 힘도 얼마 남지 않았는데 내가 거기까지 도착할 수 있을지 모르겠어. 아직 많이 남았거든. 또 아무르강은 어떻게 건너야 할까?" 촉초가 말했다.

스키가 그에게 말했다.

"걱정 마세요. 우리가 당신을 태워 갈게요."

촉초가 웃음을 지었다.

"누가 풀밭에서 스키를 타고 다니니?"

촉초는 속는 셈치고 스키를 타고 섰다. 그러자 날개가 생긴 스키는 하늘로 오르며 날기 시작했다. 그것도 엄청 빠르게 말이다! 하늘을 가르는 바람 때문에 머리에 쓴 두건이 벗겨질 뻔했다. 하늘에서 내려다본 아무르강은 마치 파란색 리본처럼 구불구불 흐르고 있었다.

스키가 한참을 나는 동안 바람만이 귀에서 윙윙거렸다. 밑으로는 강, 마을, 숲이 반짝거렸다. 촉초는 숨이 멎는 것 같았다.

마침내 만주족 마을에 도착했다.

마을은 어마어마하게 컸고 집도 굉장히 많았다. 촉초는 이렇게나 많은 집이 있는 마을을 이제껏 한 번도 본 적이 없었다. 집들은 줄지어 나란히 서 있었다. 끝이 보이지 않을 정도로 길게 늘어져 있었다. 또한 사람들의 숫자도 엄청났다. 사람들의 말소리로 인한 소음은 나무를 쓰러뜨리고도 남을 듯했다. 사람들은 서로를 밀치며 소리를 질러 댔다. 물건을 사기도 바꾸기도 팔기도 했다. 사람들은 많았지만 아는 사람은 한 명도 없었다. 촉초가 길 가는 사람에게 만주 사람 란의 집을 어떻게 가야 하는지 물었다. 행인들은 소년을 비웃으며 어이가 없다는 표정을 지었다. 다행히 나나이 말을 아는 한 노인이 지나갔다. 그가 촉초에게 이것저것 묻더니 란이 어디 사는지 가리켜 주었다.

나나이 소년은 그쪽을 향해 걸어갔다.

아름다운 집이 보였다. 지붕의 끝이 위로 올라가 있었다. 그 끝에는 작은 은종이 달려 있어 땡그랑땡그랑 소리를 냈다. 창문은 창호지로 가려져 있었고 집 주위에는 벚나무, 사과나무 등 여러 나무들이 자라고 있었다. 황금빛의 새들은 나뭇가지에 앉아 있었다. 사방에서 음악이 울려 퍼졌다. 나무들 사이로 시냇물이 마치 조용히 얘기를 나누듯 졸졸 흘렀다.

촉초가 집으로 들어가 외쳤다.

"랸! 나와 싸우러 나오시오!" 그러고는 지팡이를 꺼내 랸과의 싸움을 준비했다.

하지만 아무도 나나이 소년의 고함에 대꾸하지 않았다. 아마도 랸은 집에 없나 보다.

촉초가 랸의 방으로 들어갔다. 딱딱한 도토리가 말랑말랑해지도록 화로에 넣었다. 랸의 큰 세숫대야에는 민물꼬치를 풀어 주었다. 벽난로 근처에는 꼬챙이를 세워 두었다. 다듬이와 방망이는 문가에 두었다. 그리고 자신은 랸의 침상에 누워 잠이 들었다.

저녁이 되자 술이 거나하게 취해 기분이 한껏 들뜬 랸이 집에 돌아왔다.

그가 화로에 불을 지피려고 했다. 몸을 화로 쪽으로 숙이고 숯을 피우기 위해 후 하고 불기 시작했다. 그때 도토리가 튀어 올라 랸의 눈을 때렸다! 랸이 놀라 소리쳤고 눈을 씻기 위해 물이 든 대야를 찾았다. 그러자 민물꼬치가 대야에서 폴짝 날아올라 랸의 코를 물었다. 랸이 코를 붙잡고 옆으로 피하자 이번에는 꼬챙이가 그의 허리를 찔렀다. 너무 놀라 허둥대던 랸은 도망치기 위해 방 밖으로 나가려 했다. 그러자 다듬이와 방망이가 랸을 붙잡고 때리고 방망이질을 해댔다. 다듬이와 방망이는 랸이 납작해질 때까지 계속 두들겨 팼다.

잠에서 깬 촉초가 물었다.

"랸이 오지 않았니?" 그의 친구들이 그에게 대답했다.

"자기 발로 걸어왔어! 한번 봐, 어떻게 됐는지."

촉초가 보니 사슴 가죽과 똑같이 하얗고 가벼운 사람 가죽이 놓여 있었다. 친구들에게 고맙다고 인사를 했지만 촉초는 자신이 랸을 혼내 주지 못한 것이 못내 아쉬웠다.

촉초는 랸의 집에서 아버지의 모피를 찾았다. 사냥용품과 랸이 사람들을 속이며 강탈한 물건을 모두 챙겨 싸 두었다. 다듬이와 방망이, 도토리, 민물꼬치와 꼬챙이 친구들을 데리고 스키를 탔다.

스키는 또다시 하늘 위로 오르더니 화살처럼 날기 시작했다.

스키는 촉초가 친구들을 발견한 곳까지 날아갔다. 소년은 친구들을 내려주며 도와주어 고맙다고 인사를 했다.

민물꼬치는 개울의 가장 깊은 곳에 풀어 주었다. 방망이와 다듬이는 버려진 낚시터에 남겨 주었다. 주인이 돌아오면 분명히 찾을 테니 말이다. 꼬챙이는 불가의 낡은 자리에 내려놓았다. 도토리는 싹을 틔워 새 나무로 자랄 수 있도록 부드러운 땅에 던져 주었다.

그리고 촉초는 부자가 되어 집으로 돌아왔다. 랸의 물건을 풀자 마을 사람들은 어떻게 이 많은 모피와 물건을 구해 왔을까 하며 어리둥절해했다.

어머니와 누이들은 촉초가 돌아온 것에 무척 기뻐했다. 입을 맞추고 그를 안으며 한 걸음도 떨어지지 않으려 했다.

그러자 촉초가 사냥꾼처럼 남자답게 말했다.

"내 장화는 완전히 닳았으니 새것을 만들어 주세요. 내일 타이가에 가야 하거든요."

누이들은 랸의 모피로 장화를 만들어 주었다. 새 장화는 아주 오랫동안 신을 수 있었다. 왜냐하면 동정을 모르고 상처받은 사람들의 눈물을 닦아 주지 않는 거짓말쟁이와 약탈자의 가죽만큼 질긴 가죽은 이 세상에 없기 때문이다.

어리석은 부자

부유함은 지혜를 가져다주지 못한다. 또한 탐욕은 마지막 지혜까지 앗아 간다.

아무르강에 두 사람이 살고 있었다. 한 사람은 니칸 상인인 리푸였고 다른 사람은 나나이족 사냥꾼인 악탄카였다. 두 사람은 아주 달랐다.

악탄카는 낚시를 하고 사냥을 하며 평생 일을 했지만 그럼에도 가난하게 살았다. 리푸는 화살을 활시위에 걸지도 못했고 어치와 들꿩을 구분할 줄도 몰랐으며 평생 단 한 마리의 물고기도 잡아 본 적이 없을뿐더러 어망이 무엇인지도 몰랐다. 하지만 돈을 잘 세었고 조그마한 가게에 앉아 물건을 팔며 아주 부유하게 살았다. 악탄카는 자기가 일해서 얻은 물고기와 사냥물을 그에게 주고 대신에 곡물과 밀가루를 받았다.

리푸는 욕심이 많고 정직하고는 거리가 먼 사람이었다. 그는 악탄카가 사냥해 온 동물 모피를 가져갔다. 그리고 두꺼운 장부에 무엇을 가져갔고 무엇을 주었는지 적었다. 하지만 그는 일부러 항상 틀리게 적었다. 악탄카가 글과 숫자를 몰라 리푸에게 무엇을 얼마나 줘야 하는지 모르는 것을 악용한 것이다.

그래서 악탄카가 사냥이 잘되면 잘될수록 리푸는 물건을 비싸게 팔았다. 악탄카는 당연히 부채를 탕감할 수가 없었다. 리푸는 매일 악탄카를 찾아와 소리를 고래고래 질러댔다.

"야, 누워 있지 말고 어서 사냥하러 가! 내 돈 갚아야 할 것 아니야!"

한번은 리푸가 악탄카의 어망을 차압하기까지 했다.

악탄카가 사슴의 힘줄로 올가미를 만들어 멧돼지가 물을 마시러 가는 오솔길에 석궁을 세워 두었다. 멧돼지가 물을 마시러 가다가 석궁을 쓰러뜨리자 올가미가 멧돼지를 낚아채고 말았다. 뜻하지 않은 수확이 생긴 악탄카는 고기를 삶았다. 리푸가 고기 냄새를 맡고 달려왔다. 그러고는 악탄카를 향해 소리를 지르고 발을 동동 굴렀으며 손가락으로 장부를 가리키며 삿대질을 했다.

"야야, 이것 보라고! 빚 갚아!"

리푸가 고기를 몽땅 빼앗아 갔다. 석궁도 올가미도 가져가려 했다.

부인 아인카가 말했다.

"이제 우리는 어떻게 살아요, 리푸 어른? 도구 없이는 물고기도 못 잡고 사냥도 못 해 고기도 드릴 수 없고 모피도 구할 수 없잖아요."

리푸는 그녀의 말을 들은 척도 하지 않고 모두 한 아름 긁어모아 가 버렸다. 아인카가 울기 시작했다. 악탄카가 그녀에게 말했다.

"괜찮아, 여보, 어떻게든 살게 되겠지. 설마 산 입에 거미줄 치겠소."

한참을 생각에 잠긴 악탄카는 주목나무 가지로 작은 활을 만들어 타이가에 갔다.

악탄카의 눈은 매서웠고 팔은 단단했다. 화살을 쏘아 바로 새를 잡았다. 사냥물을 충분히 잡아 집으로 돌아왔다. 아인카가 새를 꼬챙이에 꽂아 굽기 시작했다.

악탄카의 집에서 고기 굽는 냄새를 맡은 욕심쟁이 리푸는 또 달려왔다.

"빚 갚아!"

악탄카는 빚을 갚을 수가 없었다. 리푸가 그의 활도 화살도 새도 모두 가져가 버렸기 때문이다. 아인카가 울며 말했다.

"아이고! 이제 우리는 어떻게 살아요?" 악탄카가 그녀에게 말했다.

"울지 마요, 부인. 더 좋은 방도를 생각해 봅시다."

악탄카가 생각에 잠겼다. 밤새 생각을 하고 또 했다. 집

안에 있던 담배를 거의 다 피웠다. 아침이 되자 그가 부인에게 말했다.

"가서 나뭇진을 모아 오시오."

숲으로 간 아인카는 전나무와 소나무의 나뭇진을 잔뜩 모아 집으로 돌아왔다. 악탄카가 송진이 들어 있는 느릅나무 그릇을 집어 들고는 큰 전나무가 자라는 절벽으로 갔다. 나무 꼭대기로 기어 올라가 주위를 둘러보니 새들이 이리저리 날아다니는 것이 보였다. 그러자 악탄카는 나무에서 조금씩 천천히 내려오면서 나뭇가지와 줄기에 나뭇진을 바르기 시작했다. 내려오면서 차근차근 바르고 또 발랐다. 그렇게 나무 전체를 바른 악탄카는 집으로 돌아와 잠을 청했다.

아침에 되자 그는 부인을 깨웠다.

"자, 여보, 가서 사냥감을 걷어 보자고!"

절벽의 나무에는 새들이 더덕더덕 붙어 있었다. 밤이 되어 새들이 쉬려고 나무에 앉자마자 달라붙고 만 것이었다. 날개를 아무리 저어도 떨어지지가 않았다. 아인카는 새들을 모아 집으로 가져와서는 새를 굽기 시작했다.

리푸는 꿈속에서 돈과 물건을 세고 있었다. 악탄카의 오두막집에서 고기 냄새가 풍겼다. 잠이 확 달아나 머리끝까지 화가 치민 리푸는 몸을 벌벌 떨며 변발을 흔들거렸다. 그러고는 신발을 신기가 무섭게 가운을 펄럭이며 악탄카에게 달려갔다.

리푸가 두툼한 장부를 손가락으로 찔러 댔다.

"빚 안 갚고 고기를 먹다니! 이게 말이 되나! 당장 빚 갚아!"

"못 합니다. 못 해요, 부자 양반." 악탄카가 말했다.

"그러면 장비를 내놓아라!"

"장비가 저에겐 없어요. 제가 갖고 있는 장비를 몽땅 가져가셨잖아요." 악탄카가 말했다.

리푸는 악탄카의 솥에 손을 집어넣어 오리를 꺼냈다. 새고기를 보자 눈이 휘둥그레졌고 발을 동동 구르자 화가 난 얼굴이 더욱 빨개졌다.

"그러면 이 오리가 저절로 솥으로 날아왔다는 거야?"

"도구 없이 잡았어요. 한 것이라고는 나뭇진을 나무에 바른 게 전부랍니다. 새들이 나무에 앉자 들러붙었고 저희는 맨손으로 새들을 모아 솥에 넣은 것이죠."

리푸는 자기도 손쉽게 사냥할 수 있다는 생각에 기분이 좋아졌다. '아하, 그거 좋은 방법이네. 나도 새들을 몽땅 잡아야겠어! 장사가 아주 잘되겠다! 그러면 악탄카에게 더 이상 밀가루도 곡물도 비계도 안 줘도 될 테고 말이야.'

부자는 집으로 달려갔다. 나뭇진을 모아 오라고 부인을 숲으로 내쫓았다. 나뭇진을 한 통 가득 모은 부인이 돌아왔다. 두 사람은 키가 큰 나무들이 자라는 산까지 나뭇진이 들어 있는 통을 가까스로 끌고 갔다.

통을 들고 나무에 올라간 리푸는 조금씩 기어오르며 바르기를 반복했다.

꼭대기에 오를 때까지 나무 전체에 발랐다.

새들이 더 잘 달라붙도록 빼곡히 발랐다.

아내가 밑에서 남편에게 외쳤다.

"여보, 어서 내려와요. 새들이 놀라겠어요. 거위 무리가 날아와요! 피둥피둥 살이 찐 거위들이네요. 기름기가 줄줄 흐르네요!"

부자가 내려가려 했다. 그러나 나무가 끈적거렸다. 아래로 내려가면 갈수록 나뭇진은 더 강했다.

곧 리푸는 나무에 들러붙었다. 손도 다리도 수놓은 가운도 모두 들러붙었다.

부인이 재촉하며 말했다.

"여보, 어서 내려와요! 거위들이 벌써 가까이 왔어요."

그러나 리푸는 위로도 아래로도 꼼짝할 수가 없었다. 그가 부인에게 말했다.

"내려갈 수가 없소! 나무를 자르시오! 새가 쓰러진 나무에 앉게 하자고."

부인은 도끼를 가져와 나무를 베기 시작했다. 힘껏 내리쳤지만 나뭇조각이 사방으로 튀어 떨어졌다.

리푸가 외쳤다.

“빨리, 빨리 하라고! 거위들이 옆으로 지나가잖아.”

부인이 나무를 마구 베었다. 나무가 땅으로 쓰러지자 욕심 많은 리푸는 심한 부상을 입었다. 그는 혼자 나가떨어져 나뭇가지에 걸린 다음 부인의 이마와 부딪쳤고 부인은 나뭇진이 들어 있던 통에 떨어진 것이다.

솥이 뒤집어져 데굴데굴 굴러 어리석은 부인과 욕심 많은 남편 리푸는 강에 빠지고 말았다.

악탄카는 리푸의 집에 가서 자신의 장비인 활, 석궁과 올가미를 가져와 사냥과 낚시를 하며 지냈다.

그 이후로는 아무도 그의 수확물을 건드리지 못했다고 한다.

개구리와 미녀

아름다운 처녀와 개구리가 살고 있었다. 둘은 아주 가난했다. 얼마 후 처녀는 아들을, 개구리는 딸을 낳았다. 먹을 것이 다 떨어진 어느 날 개구리가 처녀에게 말했다.

"체리라도 따러 가자, 친구야!"

"체리가 어디 있는데?"

"저쪽 섬에 체리가 아주 많대." 그리고 미녀와 개구리는 아기를 배에 태워 출발했다.

개구리는 노를 저었고 미녀는 곁에 앉아 있었다.

한참을 가다 마침내 아무르강에 있는 섬에 도착했다.

기슭에 배를 정박하고 아이들을 배에 남겨 둔 채 체리를 따러 숲으로 갔다. 한참을 체리 따기에 열중하던 미녀가 개구리에게 말했다.

"가서 애들 좀 보고 와!"

개구리는 배에 도착하자마자 자기 아기는 육지에 던져 놓고 미녀의 아기만 데리고 그곳을 떠나 버렸다.

집으로 돌아온 개구리는 미녀의 아기를 키우며 살았다.

미녀는 개구리를 목이 빠지게 기다려 보고 목이 쉬도록 불러 보았지만 개구리는 어디에도 없었다.

겁이 난 미녀가 기슭으로 가 보았다. 배를 정박한 곳에 왔지만 배도 그녀의 아기도 보이지 않았다. 개구리 아기만이 바닥에 누워 울고 있을 뿐이었다.

미녀는 섬 기슭에 풀로 집을 지어 개구리 딸을 키우며 살았다. 먹을 것이 없어서 둘은 자주 굶곤 했다.

여름이 오면 체리를 먹고 다른 열매들은 따서 말려 놓았고 때로는 체리로 레표시카를 만들어 먹었다. 둘은 이렇게 소박하게 살았다.

개구리가 데려간 미녀의 아들은 하루가 다르게 쑥쑥 자랐다. 이제는 사냥을 다니며 짐승을 잡아 와서 둘은 부족한 것이 없이 살았다.

어느 날 소년이 사냥하러 오솔길을 가다 살이 통통하게 찐 엘크를 잡았다. 비계를 충분히 제거한 후 손질을 마치자 까마귀가 그를 향해 까옥까옥 소리쳤다.

"너 혹시 개구리를 엄마로 생각하는 건 아니겠지? 너희 엄마는 새끼 개구리랑 저쪽 섬에 살고 있어! 네 엄마는 하루가 멀다 하고 굶고 지내지."

이 소리를 듣자 소년은 가슴이 너무 아팠다. 그는 잡은 엘크를 아무도 모르게 숨겨 놓고 집으로 갔다.

개구리 엄마가 집에 있었다. 소년이 양철통을 가리키며 말했다.

"엄마, 물 좀 끓여 주세요. 몸이 안 좋아요!"

"좀 데워졌구나."

"아니요, 물을 펄펄 끓여 주세요!" 소년이 부탁했다.

개구리가 물을 끓였다. 소년이 말했다.

"엄마가 물을 저에게 가져다주세요!"

개구리는 솥을 들고 소년에게 가까스로 가져갔다. 소년은 개구리의 줄무늬가 선명하게 보이도록 개구리의 손을 물통에 집어넣었다.

"아이고, 뜨거워, 뜨거워 죽겠다!"

그리고 개구리는 옆으로 고개를 돌리며 말했다.

"애비가 도둑놈인 남의 자식!"

"엄마, 뭐라고 말씀하셨어요?" 소년이 물었다.

"내가 뭐라고 말하다니! 얘야, 네 장화를 꿰매야겠구나. 내 걱정은 그것뿐이란다!"

소년이 다시 물었다.

"엄마, 엄마 다리는 왜 이렇게 휘었어요?"

개구리가 대답했다.

"너도 굽을 거야! 네 아버지가 장사하러 다닐 때 내가 항상 곁에 쪼그리고 앉아 있었거든, 그래서 이렇게 굽은 것이지."

"아, 아, 아! 그러면 엄마 배는 왜 무늬가 있어요?" 소년이 다시 물었다.

"내가 네 아버지의 장비를 불가에서 꿰매다가 태워서 이렇게 되었지."

"아, 아, 아! 엄마, 엄마 얼굴은 왜 그렇게 노래요?" 소년이 말을 끌며 물었다.

"추운 겨울에 커다란 중국 금속 귀걸이를 하고 다녔거든. 귀걸이 때문에 얼굴이 얼어서 이렇게 되었단다."

"엄마, 엄마 눈은 왜 그렇게 튀어나왔어요?"

"내 눈이 좀 튀어나왔지. 네 아버지가 장사하러 다닐 때 내가 앞장선 개를 계속 쳐다봤더니 이렇게 되었단다."

소년이 질문을 마치자 개구리가 불가로 다가가 앉으며 말했다.

"남의 자식, 남의 자식이라고!"

소년이 다시 물었다.

"엄마, 거기서 뭐라고 하시는 거예요?"

"내일 아침에 장작이랑 물을 길으러 가야 한다고, 그 생각을 하고 있었지."

다음 날 소년은 일찍 일어나 아무르강 저쪽 편에 있는 섬을 찾으러 나섰다. 배에서 섬으로 나와 강가를 걸었다. 한참을 걸어 작고, 초라한 집을 발견했다. 그곳에는 미녀 엄마가 작은 개구리와 둘이서 살고 있었다.

소년은 개구리에게 비곗덩이를 던져 주었다. 개구리가 비곗덩어리를 엄마에게 가져다주며 말했다.

"엄마, 이것 좀 보세요, 고기예요, 고기!"

"네 엄마는 저쪽에 있단다. 그곳엔 고기와 버터가 넘친단다. 너는 우습게도 비계를 고기라고 부르지! 고기와 비계 구분도 못 하잖니!"

미녀 엄마가 소년을 발견하고는 물었다.

"너는 어느 집 아들이니, 얘야?"

"제가 어느 집 아들이냐고요? 저쪽 개구리 집에 살아요, 그러니 개구리 아들이겠죠!"

미녀 엄마가 물었다.

"그럼 이름이 뭐니?"

"제 이름은 카이예랍니다."

"카이예라면 네가 내 아들이구나." 엄마는 너무 기쁜 나머지 소년을 부둥켜안으며 눈물을 흘렸다.

소년이 말했다.

"가서 어미 개구리를 내쫓겠어요!"

개구리를 내쫓은 그는 자기 어머니를 데리러 와서 말했다.

"엄마, 엄마도 개구리 딸을 내쫓으세요!"

그러나 엄마가 말했다.

"내 젖을 먹이며 힘들게 키웠는데 어떻게 내쫓을 수 있겠니?"

엄마의 말을 따르기로 한 카이예는 둘을 데리고 배를 타러 갔다. 아무르강을 건넌 후 집으로 돌아와 함께 살기 시작했다. 개구리 딸은 물과 장작을 담당하고 소년은 사냥을 다녔다.

어느 달 밝은 밤에 개구리 딸이 물을 길으러 갔다. 양동이에 물을 떠서 물지게에 걸어 집으로 가려던 순간이었다. 갑자기 달이 나타나 환해지더니 달 속에 양동이, 지게와 개구리 그림자가 졌다. '어떻게 하면 달에 갈 수 있을까!'

그러면서 노래를 불렀다.

"달이, 달이 떨어진다. 달이 길어진다, 달이 길어진다."

그러자 달이 아주 긴 리본처럼 늘어지더니 개구리 딸을 들어 올렸다. 달은 개구리 딸과 양동이를 데려갔다.

미녀 어머니와 아들은 집에서 이야기를 나누고 있었다.

"얘가 왜 이렇게 오랫동안 안 오는 거지, 나가 살펴보아라, 무슨 일이 생긴 건 아니겠지?"

아들이 일어나 나갔다. 개구리는 어디에도 보이지 않았다. 단지 달이 캄캄해졌을 뿐이었다. 소년이 달을 자세히 들여다보자 개구리 딸이 양동이와 지게를 들고 달에 있었다. 소년이 놀라 어머니에게 소리쳤다.

"엄마, 개구리가 달에 있어요!"

그녀가 뛰쳐나와 보자 개구리 딸은 정말로 달에 있었다.

이후 개구리 딸은 달에서, 두 사람은 땅에서 행복하게 살았다고 한다.

멍청이

작소로프 가문에 춘구라는 이름을 가진 청년이 살고 있었다. 청년은 다른 사람들과 마찬가지로 평범했다. 귀는 두 개요, 눈은 하나요, 코도 하나, 다리는 두 개, 손도 두 개, 머리는 하나였다. 사람들은 춘구가 머리가 텅텅 빈 사람이라고 말했다. 일은 얼마 하지도 않으면서 식성은 엄청 좋았다. 생각하는 것도 싫어했고 귀가 얇아서 사람들의 말을 쉽게 믿곤 했다. 춘구는 먹고, 자고, 기슭에 앉아 머리나 긁적거리며 어디도 가지 않았다.

한심한 아들을 보다 못한 아버지는 아들에게 사냥을 가르치기로 했다. 아버지는 아들을 데리고 타이가에 갔다.

춘구를 사냥꾼처럼 제대로 갖춰 입혔다. 비단으로 수놓은 장화는 사슴 가죽으로 만든 것이었다. 무릎 보호대는 바짝 조였으며 가장 좋은 사슴 가죽으로 만든 바지와 새하얀 사슴 털로 만든 상의를 입고 있었다. 춘구는 오리 머리로 만든 허리띠를 찼고 비단으로 수놓은 두건을 두르고 꼬리가 하얀 사향노루 가죽으로 만든 모자를 썼다. 손에는 칼에 벤 자국이 있는 창을 들고 있었다. 옆에는 화살을 채운 활을 걸었고 허리 한쪽에는 휜 칼이, 다른 쪽에는 곧은 칼이 꽂혀 있었다.

이렇게 갖춰 입자 춘구의 인물이 훤해졌다.

옷이 마음에 꼭 든 춘구가 마냥 서서 사냥 복장을 여기저기 만져 보았다.

아버지가 그에게 말했다.

"이만하면 충분하다, 춘구야. 가자."

춘구가 고개를 저었다. 사냥하러 가기가 싫었을 뿐 아니라 한껏 들뜬 기분을 망치고 싶지 않았다. 아버지가 그에게 다시 말했다.

"아름다움은 남자의 옷에 있는 것이 아니라 그가 갖고 있는 창의 끝에 있단다! 어서 가자, 아들아!"

하지만 춘구는 고집을 피웠다. 자기 모습에 취한 채 몸을 들썩이며 춤추기 시작했다. 제자리에 서서 몸을 흔들거리며 바지와 상의를 타닥거렸다. 그러다가 화살이 떨어지고 창은 여기저기를 찔러 댔다. 금시라도 사람을 찌를 것만 같았다.

성이 난 아버지가 아들의 머리를 때렸다. 그러자 춘구의 머리가 구리 솥처럼 왱왱 소리를 냈다. 아버지는 가슴이 철렁했다.

'세상에나! 우리 아들 머리가 정말 텅 비었나 보네. 혹시라도 안 좋은 일이 생기면 어쩌지?'

아버지는 아들을 사냥에 데려가지 않았다. 멍청한 머리

로 짐승을 얼마나 잡을 수 있겠는가!

춘구가 강가에 자리를 잡고 앉았다. 좋아하는 일을 찾은 것이다. 물속을 들여다보며 자기 옷에 감탄한 춘구는 머리를 툭툭 두드려 보았다. 그 소리가 온 마을에 울려 퍼졌다. 어디서 난 소린지 궁금해진 나나이 사람들이 여기저기를 두리번거렸다. 마침내 바로 춘구가 자신의 텅 빈 머리를 두드리는 것을 알게 되었다. 깔깔거리며 웃다 모두들 뿔뿔이 흩어졌다.

춘구의 아버지는 여느 때처럼 타이가에서 사냥을 하고 아무르강에서 낚시를 하며 지냈다. 어머니는 생선에 소금을 뿌려 껍질을 벗긴 후 음식을 준비하여 아들과 남편에게 먹였다.

하지만 춘구는 아무런 쓸모가 없었다. 항상 강가에 앉아 머리를 긁적거렸다.

이렇게 얼마나 시간이 흘렀는지 모른다. 부모님의 기력이 하루가 다르게 쇠해졌다. 어머니는 매번 혼자 일하기가 버거워 점점 지쳐 갔다.

어머니가 아버지에게 말했다.

"더 이상 혼자 일을 못 하겠어요."

"춘구를 장가보내야겠소. 그러면 당신을 도울 며느리가 생길 것 아니오."

어머니가 아버지에게 말했다.

“어떻게 춘구를 장가보내요? 멍청한 아이잖아요. 누가 그런 아이에게 딸을 주겠어요?” 어머니가 말했다.

“충분한 몸값을 주면 되니 걱정 말아요.” 아버지가 대답했다.

아버지와 어머니는 몸값을 모으기로 했다.

큰 구리 솥을 가져왔고 물 건너온 장검, 비단 외투 세 벌과 모피 세 벌, 청동 거울, 귀걸이 열두 쌍, 은으로 새긴 창, 비단 세 필, 먼 섬에서 가져온 구리 단추가 박힌 갑옷과 투구, 동물 뼈로 만든 사냥꾼의 키만 한 활시위와 활 등을 준비했다. 충분한 몸값을 줄 수 있도록 차곡차곡 쌓아 두었다.

다만 이 마을에서는 그 누구도 춘구에게 딸을 시집보낼 생각이 없었다.

이웃 마을에 아주 가난한 어머니와 딸이 살고 있었다. 딸의 이름은 안가였다. 안가는 여러 마리의 개 말고는 혼인 지참금이 없었다. 얼마나 가난했던지 변변한 이불조차도 없었다.

중매쟁이가 안가에게 춘구를 소개했다. 안가는 울고 불며 싫어했지만 결국 승낙하고 말았다. 어머니를 좀 더 편하게 모시려면 이 방법밖에는 없었기 때문이다.

혼례를 마친 후 두 사람은 춘구의 집에 도착했다. 고기로 배를 넉넉히 채운 남편이 부인에게 허풍을 떨기 시작했다.

"있잖소, 부인, 내가 어떤 사람인지 아오? 나 같은 사람은 이 세상에 없소! 내 머리가 어떤지 아시오! 나 같은 머리는 더 이상 없소!"

그리고 춘구는 자신의 머리를 툭툭 쳤다. 머리는 바람 부는 날의 바짝 마른 낙엽송처럼 바삭거리는 소리를 냈다.

안가는 깜짝 놀랐다. '아아, 내 남편의 머리가 완전히 텅 비었나 봐! 이런 사람과 앞으로 어떻게 살지?' 안가는 울음을 터뜨렸다.

춘구는 부인이 왜 우는지 이유를 알 수 없었다. 잠자코 있다가 잠이 들었다.

안가가 그를 바라보았다. 남편의 얼굴은 다른 사람들과 다를 바가 없었다. 눈은 두 개, 귀도 두 개, 코는 하나…. 안가는 화가 났다. '다른 사람들과 똑같이 생겼는데 머리는 어떻게 텅 빌 수 있을까' 안가는 화가 나서 남편의 얼굴을 망쳐 놓기로 마음먹었다.

그녀는 붉은 점토와 검은 숯을 가져왔다. 그러고는 점토와 숯을 녹였다. 곧 검은색과 붉은색, 두 가지 색이 나왔다.

안가는 춘구의 얼굴을 붉은색으로 칠하고 검은색의 무늬를 그려 넣었다.

춘구가 물을 마시기 위해 잠에서 깼다. 그는 습관적으로 물그릇을 빤히 들여다보았다. 자신을 알아보지 못한 춘구가 물속에 있는 사람에게 물었다.

"여보게, 자네는 누구신가? 내 그릇에서 뭐 하고 있는 거야?"

춘구는 잠이 덜 깨 헛것이 보이나 하며 주위를 둘러보았지만 모든 것이 그대로였다. 그의 화로, 그의 집, 침상에는 그의 부인이 누워 있었다. 다만 얼굴만 그의 것이 아니었다. 춘구가 아내를 불렀다.

"안가, 여기 좀 와 봐! 누가 그릇 안에 들어 있어. 엄청 못생긴 사람이 말이야."

안가가 물었다.

"누가 나를 부르는 거지?"

"내가 당신을 부르고 있잖아. 나라고, 춘구, 당신 남편 말이야."

안가가 고개를 갸우뚱거렸다.

"당신이 정말 제 남편 춘구라고요? 제 남편은 굉장히 잘생겼는데 당신은 끔찍한 얼굴을 하고 계시네요!"

"맞는 말이오. 잘생겼지. 나도 잘 아는 사실이고. 그런데 무슨 일인지 이렇게 되어 버렸소. 어디선가 내 얼굴을 잃어버린 것 같아, 가서 찾아보겠소."

춘구가 일어나 집에서 나갔다. 길을 걸으며 땅을 보았다.

문득 머리가 생각난 춘구는 자신의 머리를 때려 보았다. 아니나 다를까 왱왱거리는 소리가 났다. 춘구가 기뻐하며 말했다.

"이건 나잖아." 이렇게 말하고는 물가로 가서 얼굴을 들여다보고는 또다시 슬픔에 잠겼다. "아니야, 이건 내가 아니야."

잠시 걷던 춘구가 마을 사람들과 마주쳤다. 그가 사람들에게 물었다.

"혹시 춘구 못 보셨나요?" 사람들이 그를 비웃으며 말했다.

"아니, 못 봤소." 그들이 대답했다. 춘구는 머리를 긁적거렸다.

"이 마을에도 춘구가 없나 보네. 더 멀리 가 봐야겠다."

그러고는 자기 자신을 찾으러 더 멀리 가 보았다. 마을을 벗어난 지 오래되었지만 돌아올 줄 몰랐다. 자신을 못 찾았는지 지금까지도 돌아오지 않았다고 한다. 하지만 그가 없다고 아쉬워하는 사람은 없었다.

이 세상에 게으름뱅이이자 바보를 좋아할 사람은 없지 않은가?

킬레 밤바와 용사 로체

아무르 강변에 힘이 센 킬레 밤바가 살고 있었다.

킬레는 평범한 여인에게서 난 아들이었다. 타고난 성품이 좋은 그는 하루가 다르게 쑥쑥 자랐다. 또 얼마나 용감했는지 젖을 떼기도 전에 이미 짐승을 잡았다고 한다.

한번은 어머니가 외출해 집에 없을 때였다. 어머니는 문이 열리지 못하도록 나무 기둥을 세워 놓았다. 그녀가 얼마 동안 집을 비웠는지 모르지만 열린 창문을 넘어 호랑이가 집 안으로 들어왔다.

호랑이와 킬레의 울음소리를 들은 마을 사람들과 친척들이 한걸음에 달려왔다. 호랑이가 나타났는데 어떻게 서두르지 않겠는가?

킬레 밤바의 울음소리가 멈추고 잠잠해졌다. '아이고, 호랑이가 어린 밤바를 물어 갔나 보네.' 친척들이 생각했다.

곧 어머니가 집에 도착했다.

사라졌다고 생각한 밤바는 아무 일이 없었다는 듯이 등을 대고 누워 호랑이의 줄무늬 꼬리를 가지고 놀고 있었다. 어린 밤바가 호랑이를 죽이고 꼬리를 잡아 뜯은 것이었다.

그는 어머니를 보자 입에서 노리개 젖꼭지를 뱉어 냈다.

“아이고 큰 재앙이 닥치겠구나, 짐승들이 언제 어디서 뛰어들지 모르고. 아무래도 내가 직접 사냥을 하러 가야겠다. 마을에는 남자가 없으니 나라도 해야지!”

그러자 밤바가 일어서더니 아버지가 쓰던 창을 손에 들었다. “좀 작아요!” 그러고는 양손으로 창을 잡더니 부러뜨렸다. “어머니가 잘 못 만드신 거죠!” 한번은 킬레가 타이가에 갔다. 왼손으로 어린 낙엽송을 옆구리에 끼고 뿌리채 뽑았다. 나뭇가지를 벗기고 흙을 땅에 털었다. “어렵지 않구나, 이 정도면 되겠어!” 그가 말했다.

친척들이 놀라움에 입을 다물지 못했고 대체 누구를 닮아 저럴까 하며 의아해했다. 이제껏 저런 나나이 사람은 없었기 때문이다. 그래서 그 후로는 그를 킬레 밤바라고 부르지 않고 용사 밤바라고 불렀다.

밤바는 그 누구와 비교할 수 없을 정도로 훌륭한 사냥꾼이었다. 밤바가 집에서 나와 사냥 갈 채비만 하여도 아홉 개 언덕과 아홉 개 호수 너머에 있는 굴속 동물들은 새끼들과 이별의 인사를 나눈 후 잠을 청했다. 밤바의 손아귀에서 벗어나기가 불가능한 것을 이미 알고 있었기 때문이다. 밤바의 눈은 매처럼 예리했다. 한번 훑어만 보아도 흑갈색 여우의 등에 있는 은색 줄이 몇 개인지, 여우 꼬리에 흰 줄이 몇 개인지 기억하고 있었다. 또한 밤바는 청각이 아주 뛰어나

귀를 기울이기만 하면 어디에서 무슨 소리가 나는지 알 수 있었다. 아홉 개의 강과 아홉 개의 하천 너머 새끼 검은담비가 낑낑대는 소리까지 들었다. 그 덕에 올가미만 가지고도 동물을 손쉽게 사냥했다. 밤바는 에너지도 넘쳤고 힘도 셌다. 쉬지 않고 백 일 동안 사냥을 할 수 있었고 지칠 때면 하루만 자도 다시 백 일간의 사냥을 시작할 수 있었다. 밤바는 식성도 대단했다. 아침에는 노루, 점심에는 말코손바닥사슴, 저녁에는 곰을 먹어 치웠다! 자신의 배를 쓰다듬으며 말했다. "더 먹고 싶지만 내일을 위해 남겨 두어야지." 밤바의 사냥 실력은 타의 추종을 불허했다. 혼자서 잡아 온 사냥물이 사냥꾼 열 명이 잡은 양과 맞먹었다. 사냥에서 돌아오면 그의 뒤에서 개썰매가 사냥물을 가득 채워 끌고 왔다. 밤바는 이런 사람이었다!

밤바는 마음이 고운 청년이었다. 마을 어디선가 아이 울음소리가 들리면 찾아가 물고기 부레를 아이에게 건네주었다. 아이가 부레를 손바닥으로 두드리면 소리가 나서 울음을 멈추는 것을 알고 있었기 때문이다. 또 밤바가 잡은 곰이 얼마나 많았던지 마을의 모든 요람에는 악령이 아기를 놀라게 하지 못하게 하고 복을 부르는 곰의 송곳니가 걸려 있었다. 마을 사람들 모두가 배불리 먹고 따뜻하게 입고 남을 만큼 고기와 생선, 모피가 충분했다.

나나이족들은 모피를 팔아 생필품을 사기 위해 강 건너 니칸 마을에 가곤 했다. 나나이족은 얼굴이 동그랗고 배는 볼록 튀어나왔으며 맑은 눈에 머리는 붉은 끈으로 땋은 변발이었다. 그들은 비단으로 수놓은 붉은 장화를 신었으며 손과 발이 아주 빨랐다.

강 건너편 니칸 마을의 우두머리는 나나이족을 유심히 살피고 또 살폈다. 그는 나나이족이 서로 사이좋게 지내고 누구에게도 공물을 바치지 않으며 모든 것이 풍부한 것이 몹시 샘이 났다. 그는 황제에게, 병사에게, 스님에게, 상인에게 나눠 주면 남는 것이 하나도 없자 나나이족에게 공물을 받기로 했다. 거둘 수만 있다면 엄청난 부자가 될 것이 뻔했다.

그는 계획을 곧바로 실행에 옮겼다. 나나이족을 향해 북을 힘차게 치며 검과 창으로 무장한 자신의 병사들과 관리들을 보냈다.

마을에 도착하자 나나이족들은 손님을 반기며 음식을 대접했다. 하지만 니칸 병사들은 음식은 거들떠보지도 않고 곧바로 창고로 향했다. 밤바가 니칸 병사들에게 화를 버럭 냈다.

"이 무식한 사람들아, 남의 집에 와서 어떻게 처신해야 하는지 모르오!"

밤바는 니칸 병사들의 긴 변발을 낚아채고 함께 묶어서 물에 빠뜨렸다. 병사들은 물속에서 허우적대더니 결국 가라앉고 말았다.

니칸의 우두머리는 나나이족에게 아무리 병사들을 보내도 그들이 되돌아오지 않자 이 아무르강 주민들을 힘으로 제압하는 것이 불가능하다는 것을 알게 되었다. 그는 자기 마을의 현자들과 뛰어난 책사들을 소집해 어떻게 하면 아무르강 지역에서 부를 늘릴 수 있을지 묘책을 간구하라고 명했다.

한참을 고민하던 니칸의 현자들에게 좋은 방도가 떠올랐다. 가장 연로한 현자가 대장에게 말했다.

"병사들을 보내지 마십시오! 병사들은 머리가 아닌 창으로 생각하지요. 나나이족에게 상인을 보내십시오. 상인은 거머리처럼 피를 몽땅 빨아 먹기 전까지는 절대 안 떨어지고 달라붙어 있지요!"

대장은 그의 말대로 했다. 나나이족에게 상인 리 찬을 보냈다.

여우같이 교활한 리 찬은 사람들이 듣기 좋은 말을 쏟아냈고 온갖 잡동사니가 들어 있는 큰 상자를 보여 주었다. 그는 나나이족에게 물건을 외상으로 주기 시작했다. "가져가세요, 사세요, 나중에 계산하셔도 됩니다!" 목걸이, 솥, 수놓은 작업복, 귀걸이, 곡물과 밀가루가 필요한 사람들이 맘 놓고 가져갔다. "이것도 가져가세요, 계산은 나중에 천천히 하자고요!" 나나이 사람들은 마음씨 좋은 상인과 잘 지내고 싶어 했다. 그는 여느 상인처럼 소리를 지르지도 않고 발을 구르지도 화를 내지도 않는 대신 항상 웃음을 잃지 않고 기분 좋게 일을 했다.

리 찬은 나나이족을 이런 식으로 길들이기 시작했다. 나나이족은 니칸 마을에 물건을 싣고 다니지 않고 리 찬에게서 필요한 모든 것을 사게 되었다. 그에게는 없는 것이 없었다.

마침내 리 찬에게 외상을 갚아야 할 때가 되었다.

나나이족들은 리 찬에게 동물 가죽을 끌고 왔다.

리 찬의 물건 값이 천정부지로 치솟았다. 물건을 싣고 오는 길이 험하고 도중에 도적을 만나 괴롭힘을 당하고 우두머리에게 상납을 해야 하고 도적과 니칸 왕에게도 공물을 바쳐야 한다며 온갖 핑계를 대었다.

나나이족은 가죽과 모피를 모조리 주어도 빚을 청산하지 못했다. 리 찬에게 갚아야 할 빚이 여전히 남아 있었다. 하지만 나나이족들은 빚을 청산하지 않고는 찜찜해하는 사람들이었다. 그래서 이 빚을 갚기 위해 열심히 일을 하기 시작했다. 타이가에서 사냥한 모든 것을 리 찬에게 가져다주었고 강에서 물고기를 잡자마자 그에게 갖다 바쳤다. 나나이족을 처음 찾았을 때는 꼬챙이처럼 비쩍 말랐던 리 찬은 이제 돼지처럼 피둥피둥 살이 올라 있었다. 반면 나나이족은 홀쭉해졌다. 아무리 애를 써도 빚을 청산할 수가 없었다.

사람들이 킬레 밤바를 찾아갔다.

"이런 일이 있나요! 도무지 빚을 갚을 수가 없어요. 귀신에 홀린 것 같아요. 처음에는 리 찬이 모피 하나를 하나로 계산했어요. 그다음에는 모피 두 개를 하나로 치는 거예요. 이제는 세 개를 하나로 치니 어떻게 합니까?"

밤바가 상인을 찾아갔다. 화를 내며 물었다.

"어떻게 그런 셈법이 가능하단 말이오?"

그러자 리 찬이 모든 부채가 적혀 있는 장부를 그에게 보여 주었다. 장부에 정확히 무엇이 적혀 있는지 알 수는 없었지만 뭔가가 있다는 것은 분명했다. 장부에 적혀 있는 대로라면 나나이족이 부채에서 벗어나기는 불가능해 보였다. 밤바는 이 장부에 빚보다 속임수가 더 많을 거라고 생각하지 못했다. 밤바가 사람들에게 리 찬에게 무엇을 샀는지 묻기 시작했다. 사람들은 대답했다.

"가운을 가져갔고 그다음에 곡물을, 그리고 보드카를 가져갔지요. 그 후부터는 기억이 안 나요!"

보드카를 가져간 것까지는 기억을 하는데 그 이후를 잊는 걸 보니 바로 보드카가 나나이족의 기억을 흐리게 만든 것이었다.

밤바가 동족들을 도와주기로 했다.

샤먼을 찾아가 상인에 대해 물었다. 하지만 샤먼은 고주망태가 되어 혀를 움직이기도 어려웠다. 밤바의 말을 한참 듣고 난 후 천천히 말을 시작했다.

"자네 말이 맞네! 리 찬은 상인이 아니라 악마가 맞아! 자, 보게. 나에게 준 보드카 말이야. 대체 어떤 보드카를 주었는지 3일 전에 마셨는데도 아직까지 취기가 가시지를 않아. 상인이라면 이런 일을 할 수 있겠나? 리 찬은 틀림없이 악마라네!"

그러나 악마를 상대로 사냥꾼이 할 수 있는 일이 무엇이겠는가?

아무것도 없다.

밤바가 샤먼에게 말했다.

"주술을 해 주시오! 리 찬을 쫓아내 주시오! 우리 마을 사람들이 있는 걸 몽땅 그에게 갖다 바쳐서 이젠 굶어 죽게 생겼소. 모두 곧 죽을 것이오!"

샤먼이 대답했다.

"리 찬을 상대로 주술을 부릴 수 없소. 내가 상대할 수 없는 악마요. 그는 나나이 악마가 아니라 니칸 악마라오! 제일 고약한 악마야! 악마 중 악마! 차라리 그에게 동물 모피를 더 가져다주게!"

"시호테 알린 산맥에 짐승을 잡으러 가겠소! 깊은 산속에서 호랑이, 표범과 살쾡이를 잡아오리다!"

"거기는 가지 말게. 사냥은 이곳에서 하게! 시호테 알린 산맥에는 악마들이 살고 있거든. 카크자무[10)]가 이 산을 지키기 때문에 침입자를 돌로 만들어 버린다더군!"

"그러면 큰 바다로 가겠소! 큰 바다사자와 바다표범을 잡아오겠소!" 밤바가 말했다.

샤먼이 또다시 그에게 손사래를 쳤다.

"여기서 사냥하게! 큰 바다에는 물속에 사는 악마인 간카가 살고 있어. 그는 몸은 사람이지만 팔이 없는 대신 물고기 꼬리를 갖고 있지. 그의 철로 만든 고리가 물속에서 삐죽 나와 사람을 잡는다네!"

"습지로 가겠소! 왜가리, 해오라기, 오리를 잡겠소!" 밤바가 말했다.

"여기서 사냥하라고 내가 말하지 않소! 습지에는 외다리 악마 보코가 살고 있어. 자네를 헷갈리게 해서 수렁에 빠뜨릴 것이야. 그럼 수렁에서 거품을 내뱉으며 살게 되겠지." 샤먼이 침을 뱉으며 말했다.

---

10) 카크자무 : 우데게이 설화에 등장하는 산의 수호자이자 거대한 석인.

"골치 솔론치 땅에 가겠소! 사슴과 노루를 사냥하겠소!" 밤바가 말했다.

샤먼이 몸을 떨며 대답했다.

"이곳에서 사냥하라고 몇 번을 말해야겠소? 골치 솔론치에는 천둥 아그디가 살고 있어. 돌도끼로 나무를 베며 살고 있지. 그는 사람에게 돌도끼를 내려쳐 먼지로 만들어 버린다네!"

"그러면 밀키 호수에 가겠소! 비버와 거위를 잡겠소!"

그러자 불같이 화가 난 샤먼의 입에서 거품이 밤바를 향해 흘러내렸다.

"히무 암바라는 무시무시한 악마가 이 호수에서 살고 있네! 인간을 보자마자 호수에서 튀어나와 불이 나게 하지. 히무가 불로 자네를 죽이면 완전히 타 버리겠지. 그러면 누가 자네를 알아볼 수 있겠나!"

킬레 밤바가 고개를 떨군 채 생각에 잠겼다.

'주위는 온통 악마뿐이다. 그리고 모두 용사보다 강하다. 용사의 힘은 아무것도 아니야! 아이고, 아아! 정말 어렵구나!'

"하던 방식대로 사냥하라고! 리 찬에게 동물 모피를 가져다주고. 그가 주는 보드카를 마시면 모든 슬픔을 잊을 테니!" 샤먼이 말했다.

밤바는 리 찬에게 가기 싫었다.

보이는 대로 정처 없이 걸었다.

세 개의 개울을 지나고 여섯 개의 호수를 돌아 아홉 개 언덕을 넘었다. 임시 처소를 만들어 모닥불을 피웠다. 자리에 눕자 서글픈 생각이 떠나질 않았다. '악마로부터 벗어나지 못한다면 인간에게 용사의 힘이 무슨 소용이란 말인가? 숲속에도 악마, 타이가에도 악마, 산속에도, 강에도 악마가 있고 이제는 마을까지 리 찬이 차지하고 있으니 말이다. 이 모든 악마들을 물리쳐 사람들이 편안히 살 수 있는 그런 힘을 어디서 찾을 수 있을까'

생각에 빠져 있던 킬레 밤바가 잠이 들었다. 잠결에 누군가 아무르 강 상류에서 다가오는 소리가 들렸다. 그는 쿵쿵 걸었다. 그리고 타이가를 들어 올리더니 땅에서 물을 짜고 있었다. 밤바가 벌떡 일어나 화살을 활시위에 메겼고 동시에 칼을 꺼냈다. 대체 누구일까?

바로 그때 나무 밑에서 한 사람이 나왔다. 밤바가 이제껏 한 번도 본 적이 없는 하얀 얼굴에, 눈은 파랗고 머리는 황금처럼 노란, 수염이 긴 사람이었다. 그가 입은 옷은 아무르 지방의 것이 아니었다. 손에는 쇠로 만든 지팡이가 있었다.

'또 하나의 악마가 나타났군!' 밤바가 생각했다.

그러자 그 사람이 밤바에게 말을 걸었다.

"왜 나에게 활을 겨누시오? 나를 쏘려고 했던 것이오? 난 당신의 적이 아니라 친구요! 나를 향해 활을 쏘려 하다니? 그럼 한번 겨뤄 봅시다. 누가 더 멀리 쏘는지."

어떤 용사가 결투를 거부하겠는가?

밤바가 거드름을 피웠다. '이 마을에서 나보다 더 멀리 쏠 수 있는 사람이 있던가!' 세 개의 개울 넘어 토끼가 뛰어가는 것이 보였다. 밤바는 화살을 쏘았고 화살이 관통한 토끼는 소나무에 꽂혀 있었다.

"잘했군!"

노란 수염의 남자가 말했다.

"여섯 개의 하천을 넘으면 나무에서 나무로 다람쥐가 뛰어다니는데 내가 그놈을 잡지!" 그러면서 지팡이로 조준한 후 파란 눈을 가늘게 떴다. 잠시 후 천둥처럼 쾅 하고 떨어지는 소리가 나더니 그가 쏜살같이 달려갔다. 몹시 놀란 킬레 밤바는 땅에 엎드려 두려움에 떨었다.

"아이고, 천둥아, 나를 해치지 마라!"

"천둥이 아니라 나요!" 그 남자가 웃었다.

밤바가 주위를 둘러보자 죽은 다람쥐가 옆으로 누워 있었다.

"당신이 한 수 위요! 그러면 이번에는 씨름을 합시다!" 밤바가 말했다.

두 사람은 옷을 벗어 던진 채 허리를 꽉 움켜잡았다. 싸움을 시작했지만 두 사람 모두 우위를 점하기 어려웠다. 기회를 잡은 밤바가 남자를 패대기치려는 순간 그가 밤바를 공중으로 들더니 내려놓지를 않았다. 계속 들고만 있었다. 어지러워진 밤바가 말했다.

"땅에 내려 주시오, 나는 새가 아니오! 땅에서 멀리 떨어져 있으니 기분이 이상하오! 당신이 이겼소. 이번에는 이렇게 내기를 합시다. 누가 오랫동안 춤을 더 잘 추는지 말이오!"

밤바가 춤을 추었다. 아침에 시작하여 해가 떨어질 때까지 계속 추었다. 아무르강에서는 아직까지 그 누구도 이렇게 추지 못했다! 남자가 카 하고 소리를 내더니 손바닥에 침을 뱉은 후 춤을 추기 시작했다. 밤에도 춤을 추고 낮에도 춤을 추었고 다음 날 저녁이 되어도 그는 계속 춤을 추었다. 계곡에는 물 흐르는 소리와 발소리만 들렸다. 땅이 흔들리고 먼지가 기둥을 이루었고 별들이 빛을 가렸다.

"여보게! 친구! 그만하면 충분하네. 자네가 나보다 위네!"

하지만 그 남자는 3일 밤낮을 더 추었고 손바닥이 발꿈치에 닿는 동작을 선보이기도 했다. 그런 후 멈추며 말했다.

"이것은 춤도 아니오! 내가 젊었을 때 그때가 제대로 춤을 췄다고 할 수 있지!"

'나쁜 사람이 정말로 저렇게 춤을 출 수 있을까. 손힘도 대단하고 눈은 맑으며 성격은 유쾌하지 않은가, 친구가 못

될 이유가 없지!'

그들은 의형제가 되었다.

"나는 킬레 밤바라네!" 나나이 남자가 말했다.

"나는 이반이라고 하고 러시아 사람이지, 당신네 말로는 로체야."

"자네는 고향에서 용사가 맞겠지?" 밤바가 물었다.

로체가 손사래를 치며 말했다.

"용사는 무슨 용사! 바로 내 뒤로 용사들이 있지, 나는 단지 우리 어머니의 막내아들일 뿐이네!"

"이곳은 무슨 일로 왔나?" 밤바가 물었다.

"살러 왔지. 이 땅에서 우리 선조들이 오래전에 살았다네."

"여기서 사는 것이 아주 쉽지 않네!"

"그게 무슨 말인가? 이 땅이 안 좋다는 소린가? 이렇게 좋은 땅인데!" 이반이 물으며 흙덩어리를 한 줌 쥐어 손에 비빈 후 냄새를 맡았다.

"악마들이 많이 퍼졌거든! 사람들을 살게 놔두지 않지!" 밤바가 말했다.

밤바는 이반에게 그의 손과 발을 묶어 용사의 힘을 잃게 만든 악마들에 대해 이야기해 주었다.

"괜찮아! 눈을 밝히면 악마를 혼내 줄 방법을 찾을 수 있지!"

이렇게 두 사람은 마을로 가게 되었다. 나나이족은 먹을 것이 하나도 없어 굶주린 채 창백한 얼굴로 돌아다녔다. 기름기가 좔좔 흐르고 진드기처럼 붉은빛을 띠는 리 찬만이 자기 집 문지방에 앉아 있었다.

"이 사람이, 뭐야, 악마라는 거야?" 이반이 물었다.

"바로 이자야!"

이반과 밤바가 창고를 돌아다녔다. 창고는 모두 텅 비어 있고 구석에는 거미줄만이 무성했다. 이반이 그 거미줄을 모아 뭉치를 만들었다. 그가 리 찬에게 갔다.

"장부를 보여 주시오! 내 친구 밤바가 당신에게 갚아야 할 것이 여기 쓴 것이 맞소?"

리 찬은 장부를 꺼내 펴더니 통통한 손가락으로 탁탁 튕겼다. 이반이 장부를 들고 말했다.

"만약 밤바가 정말로 갚아야 한다면, 그의 말이 사실이면 이 장부가 불에 타지 않을 것이오! 만일 당신이 밤바를 속였다면 당신의 장부에 불이 붙겠지!" 말을 마치자마자 그는 장부를 불이 꺼진 모닥불에 던졌다. 갑자기 불이 번쩍하고 붙더니 장부를 몽땅 태워 버렸다. 리 찬이 소리를 지르며 이반을 향해 펄쩍 뛰었다. 이반은 나나이족의 창고에서 모은 거미줄 뭉치를 리 찬의 입에 던졌다. 그러자 리 찬은 야윈 예전의 모습으로 돌아가 쪼그라지더니 거미로 변했다. 이반이 거미를 강에 던지자 리 찬은 자신의 만주 주인인 우두머리에게 헤엄쳐 돌아갔다.

나나이족은 배를 몹시 곯았다.

이반이 품에서 작은 알갱이를 꺼내 땅에 던졌다. 땅에서 푸른 풀이 나오더니 황금빛으로 변했다. 그 이삭에서는 노란 씨앗이 부풀어 올랐다. 이반이 그 씨앗을 가지고 돌 사이에 대고 빻자 하얀 가루가 되었다. 가루를 아무르 강물과 섞자 반죽이 만들어졌다. 이 반죽으로 레표시카를 구워 이웃들에게 먹으라고 건넸다.

"맛있습니다!" 나나이족이 맛있게 먹으며 말했다. 사람들이 먹자마자 이제껏 가져 보지 못한 신비한 힘이 생겼다.

밤바와 이반이 사람들과 사냥을 떠났다.

"말코손바닥사슴을 잡고 싶어! 골치 솔론치로 가자!" 이반이 말했다.

"그곳에는 천둥이 살고 있어!" 밤바가 말했다.

이반은 놀라는 기색이 전혀 없었다. 하지만 의형제를 두고 어떻게 안 갈 수 있겠는가. 밤바 역시 함께 가기로 했다.

이반이 지팡이를 내리치자 골치의 악마가 도망을 갈 정도로 쩌렁쩌렁 큰 소리가 났다.

"여기가 사냥하기 좋은 장소네. 그런데 네 악마는 어디 있지?" 이반이 말했다.

두 의형제는 더 멀리 가 보기로 했다. 습지에 도착했다. 밤바가 주위를 둘러보자 길에 외다리의 혹이 난 작은 사람이 눈에 파란 불을 번쩍이며 서 있었다.

"가지 마, 이반! 저기에 혹이 난 악마 보코가 있어. 너를 붙잡아 죽일 거야!" 밤바가 소리를 쳤다.

그러자 이반이 말했다.

"뭐야, 이 악마 보코를 말하는 거야?"

그러면서 보코의 외다리를 잡았다! 습지를 지날 때까지 끌고 다녔다. 그가 멈추자 보코 대신에 전나무 가지가 누워 있는 것이 아닌가! 마치 보코가 존재하지 않았던 것처럼 말이다!

강을 건너자 회색빛 머리채가 철벅거리고 있었으며 물속에서 푸른 눈이 반짝였다.

"물에 들어가지 마! 물속에서 악마 간카가 우리를 기다리며 누워 있잖아. 쇠로 된 고리를 자랑스럽게 보이면서."

밤바가 이반에게 말했다. 하지만 이반은 물에 들어가 그 회색 악마를 잡았다! 물에서 나온 그의 손에는 전나무 그루터기와 그루터기에 앉아 있는 큰 이빨을 가진 대구가 있었다. 이반과 밤바는 대구를 잡아먹고 계속 걸었다. 밤바는 더 이상 악마 간카를 보지 못했다.

의형제가 산을 넘었다. 카크자무가 몰래 숨어 사람들을 겁주는 곳이 나오자 밤바는 두려움에 떨었다. 밤바가 카크자무에 대한 생각을 떠올리자마자 그가 마치 기다렸다는 듯이 그 자리에 나타났다! 카크자무가 눈을 둥그렇게 뜨고 쳐다보며 손을 뻗어 잡으려는 순간 사람들은 돌로 변할 것이다!

"이반! 여기서 도망치자, 카크자무가 우리를 잡지 못하게 풀밭으로 뛰어가자!"

밤바가 소리쳤다. 하지만 주위를 둘러본 이반이 쇠 지팡이로 카크자무를 잡아 버렸다. 사방에서 불꽃이 튀었다! 카크자무가 눈을 감았다. 그러자 카크자무는 사라지고 이끼가 잔뜩 낀 회색빛 돌이 나타났다. 이반이 지팡이로 내리치자 그가 사라진 것이다!

"자, 네가 말하던 악마 히무는 어디 살지?" 이반이 밤바에게 물었다.

말이 끝나기가 무섭게 두 사람은 호수에 갔다. 히무가 벌써 그들의 몸을 타고 감으며 불을 내뿜고 있었다. 밤바가 소리치며 도망가려 했지만 이반이 그에게 말했다.

"밤바, 너 왜 그래? 산불 나는 거 본 적 없는 거야, 뭐야?"

밤바가 몸을 돌렸을 때 히무는 마치 없었던 것처럼 사라지고 없었다! 풀밭이 불에 타자 어디서 나타났는지 뱀이 땅을 기어가고 있었다. 주위에는 비늘처럼 돌이 잔뜩 있었다!

하지만 히무는 사라지고 없었다!

그제야 밤바가 자유롭게 숨을 내쉬었다.

악마는 어디에도 보이지 않았고 이반과 밤바가 고향 땅에 서 있었다. 힘이 센 두 사람은 모두 용감했으며 뛰어난 사냥꾼이었다. 다만 이반이 나이가 많았을 뿐이다. 주위의 모든 것이 자연스러웠다. 숲에는 나무들이 자라고 타이가에는 동물들이 살며 강에는 물고기들이 헤엄치고 산에는 돌이 있었다. 밤바가 입을 떼었다.

"그러니깐 이제 우리 이야기는 끝이 났네. 타이가 사람들, 바다에 사는 사람, 산속에 사는 사람들에 대한 이야기가 사라지겠어."

"괜찮아! 이제 다른 이야기가 또 생기겠지? 왜 그렇게 약한 소리를 해? 용감한 친구가! 네가 바로 이 땅의 주인이잖아. 나는 네 친구고. 그러니 이제 우리에 관한 이야기가 만들어지지 않겠어?"

이렇게 두 사람의 사랑과 우정에 대한 새로운 이야기가 탄생하게 되었다.

해 설

나나이인 설화

이 책에는 민담을 포함하여 총 열여섯 편의 나나이인 설화가 소개되고 있다. 그중에서 대부분을 차지하는 민담인 일상담은 열세 편으로 <피치 못할 징조>, <금목걸이>, <요술 쌈지>, <명궁수 가르팜디>, <뻐꾸기가 가져다준 재물>, <용사 세누예>, <아이오가>, <두 형제>, <아름다운 아가씨 얄가하 푸딘>, <소년 촉초>, <어리석은 부자>, <개구리와 미녀>, <멍청이>가 있고, 그 외 동물담 <약자와 강자>, 전설 <버드나무>, 영웅담 <킬레 밤바와 용사 로체>가 있다. <피치 못할 징조>는 꿈 해몽에서 시작된 부부의 다툼 이야기다. 조용한 성격의 남편 추르카와 수다스럽고 꿈을 풀어내는 능력을 가진 부인 피구나이카가 빨간 열매 꿈에 대해 벌이는 사소한 말다툼이 몸싸움으로까지 번지는 피치 못할 상황에 대한 이야기다. <금목걸이>는 응보 설화로, 욕심 많은 샤먼 춤보카가 자신이 부자임을 과시하기 위해 아들 아킴카에게 선물한 금목걸이에 대한 이야기다. 또래 아이들과 어울리지 못하게 된 아킴카는 몸이 뚱뚱해져서 금목걸이가 점점 불편해지지만 아버지는 선물한 목걸이가 아까워서 아들에게 계속 차게 한다. 결국 목걸이를 끊어 버릴 수밖에 없게 된 상황에서야 샤먼은 자신의 어리석음을 뉘우치게 된다. <요술 쌈지>는 우리나라 '개와 고양이'와 매우 흡사하다. 노부부가 낚시를 하다 놓아준 붕어가 가져다준 요술 쌈지를 두 명의 도둑 아가씨들에게 빼앗기지만 노부부가 키우던 개와 고양이가 주인을 위해 산과 강을 건너 찾아 갖고 온다는 이야기다. <명사수 가르팜디>는 가문의 수호자인 듈렌의 명령으로 나나이인의 땅과 자연을 황폐하게 만든 악령의 새 코리를 물리치기 위해 길을 떠난 가르팜디의 이야기로 한국의 '아기 장수' 설화와 비슷하다. <뻐꾸기가 가져다준 재물>은 뻐꾸기를 잡아먹으면 행운이 온다는 나나이인 미신을 맹신한 게으른 폭초가 욕심을 과하게 부려 굴러온 행운을 제 발로 차버린다는 이야기다. <용사 세누예>는 효행 설화로 부모님의 원수를 갚기 위해 초인을 찾아가는 세누예의 모험을 그린다. 위기에 처할 때마다 여주인공과 그녀의 어머니가 새, 산양 등으로 변하여 그를 도와주는 동물변신형적 요소가 포함되어 있어 흥미를 더한다. <아이오가>는 한국의 '뻐꾸기' 설화에 해당하는 이야기로 자신의 미모에 감탄하여 물에 비친 얼굴만 보면서 시간을 보내는 아이오가가 어머니와 옆집 소녀에게 투정을 부리다 결국 오리가 된다는 줄거리를 가지고 있다. <두 형제>는 반복담으로 아버지의 유언에 따라 각각 작은 공과 단검을 나눠 갖고 길을 가는 두 형제가 여정에서 만난 곰, 호랑이, 늑대, 여우, 토끼와 힘을 합쳐 황제의 딸과 결혼을 하려는 머리가 열두 개인 뱀을 물리치는 이야기다. <아름다운 아가씨 얄가하 푸딘>은 새언니의 괴롭힘을 견디다 못해 가출한 어여쁜 처녀 얄가하 푸딘이 큰 바구니에 몸을 싣고 아무르강을 따라 떠내려가다 한 젊은이의 도움으로 구출되지만 그 젊은이를 짝사랑하던 악녀 부샤쿠의 간계로 위기에 빠진다는 줄거리를 가지고 있다. <소년 촉초>는 만주족 마을에 동물 모피를 팔기 위해 길을 떠난 아버지가 약탈자 랸에게 목숨을 잃자 소년 촉초가 아버지의 원수를 갚는 내용이다. <어리석은 부자>는 과욕이 부른 참사에 대한 이야기로 전형적인 응보 설화다. 정직한 사냥꾼 악탄카는 열심히 사냥을 하며 생계를 유지하지만 욕심 많은 상인 리푸에게 동물 가죽을 헐값에 팔고 대신 생필품을 비싸게 사게 되면서 가난의 굴레로부터 벗어나지 못한다. 악탄카가 부인 아인카와 나뭇진을 나무에 발라 날아든 새를 잡아 생계를 유지한다는 말에 리푸도 같은 방법으로 새를 잡으려 하지만 욕심이 과해 나무에 들러붙어

화를 입는다. <개구리와 미녀>는 아름다운 여인과 친구인 암컷 개구리가 섬에 가서 체리를 따게 되는데, 여인의 아들을 탐낸 암컷 개구리가 아름다운 여인과 자기 딸을 섬에 버려두고 여인의 아들만 데리고 떠나면서 시작된다. 세월이 지나 장성한 아들 카이는 까마귀로부터 진실을 전해 듣고 난 후 섬으로 가 어머니를 찾게 되지만 카이의 미움을 살 수밖에 없었던 개구리 딸은 결국 달에 가서 살게 된다. <멍청이>는 어리석음이 초래하는 불행한 결과에 대한 이야기로 한국의 '바보 아들 설화'와 유사하다. 동물담인 <약자와 강자>는 '권선징악'을 주제로 한다. 매번 괴롭힘을 당하던 작은 동물들이 지혜를 모아 곰에게 복수하고 마침내 숲속의 동물들에게 평화를 되찾아 준다는 결말로 한국 동종 설화인 '참새 기다리는 호랑이'와 비슷하다. 유물 전설인 <버드나무>는 호숫가에서 두 명의 약혼자의 싸움이 끝나기를 기다리던 푸디케가 버드나무로 변해 버렸다는 이야기로 한국의 '봉선화 설화'의 줄거리와 흡사하다. 영웅담 <킬레 밤바와 용사 로체>는 용맹한 나나이인 킬레 밤바가 동족을 괴롭히는 원수와 그 무리를 물리치기 위해 길을 떠나면서 시작된다. 혼자의 힘으로는 역부족이라는 사실을 알게 된 킬레 밤바가 러시아인 로체의 도움으로 나나이인을 구하게 된다는 이야기다.

나나이인의 기원

나나이(нанай)인의 명칭은 '나(на)'와 '사람(най)'이 결합하여 '이 땅의 사람들'이라는 의미를 갖고 있다. 이전에는 '골드족'으로 불리기도 했으며 공식적으로 종족명을 갖게 된 것은 20세기 초다. 나나이인들은 주로 하바롭스크주, 연해주, 사할린, 아무르강, 우수리강 그리고 중국의 쑹화강에 분포하고 있으며 지리적으로 중국과 가까워 교류가 빈번한 관계로 중국 문화의 영향을 많이 받았다. 아무르강 중류 원주민 중 수적으로 가장 많은 나나이인의 총인구는 약 16000명에 달하며 주로 강이나 호수 부근을 마을로 정해 정착해 왔다. 나나이인은 몽골로이드의 외모를 지녔다. 황갈색의 피부에 머리카락은 직모이고, 광대뼈가 튀어나왔으며 키가 작은 편이다.

나나이인의 기원에 관해서는 학술적으로 확실하게 밝혀진 바 없다. 일부 학자들은 만주에서 기원해 우수리강을 따라 이주한 후 아무르강 하류에 정착한 것으로 추정하기도 하고 다른 학자들은 이들이 다양한 시기에 걸쳐 퉁구스인, 튀르크인, 몽골인, 만주인 등 다양한 기원의 종족들과 이합

집산을 거듭했던 것으로 보기도 한다. 아무르강 하류 지역, 우수리 지역, 연해주는 1858년 아이훈 조약, 1860년 북경 조약에 따라 러시아 영토로 편입되었다.

나나이인의 전통과 의식주

나나이인은 정착지의 특성에 따라 어로, 수렵, 채집을 생계 수단으로 삼고 있다. 겨울에는 사슴, 순록, 야생 돼지 등을 사냥하고 여름에는 어로에 종사한다. 옥수수와 기장 같은 작물을 재배하고 닭, 돼지 등의 가축을 기르며 개는 운송 수단과 사냥에 이용했다. 어로가 발달하다 보니 물고기는 그들의 가장 중요한 식용물이자 옷, 신발, 장신구 등의 재료가 되었다. 이는 전통 달력에 물고기 관련 명칭이 상당히 많다는 사실로도 충분히 뒷받침된다.

8~9월 어로의 대상인 연어와 송어는 나나이인의 겨울 비축 식량으로 중요한 역할을 한다. 대량으로 잡은 연어를 말려 '유콜라(юкола)'를 만들어 먹고 겨울을 대비해 얼려 보관하기도 한다.

나나이인은 주로 강이나 호수 근처에 마을을 형성했다. 오래된 주거 형태로는 땅굴인 '세로마(серома)'와 반지하인

'후르부(хурбу)'가 있는데 강이나 호숫가에 지었다. 지상 주거인 '하그둔(хагдун)'은 방 하나로 구성되었으며 갈대를 엮어 벽을 만들고 그 위에 점토와 풀이나 동물의 털을 섞어 발랐다. 또한 온돌과 비슷한 난방 시스템인 '나칸(накан)'은 사람들이 자고 먹고 일을 하는 가장 중요한 장소다. 이외에도 음식을 보관하는 창고가 별도로 있다.

러시아인이 출현하기 전까지 나나이인의 의복과 신발은 물고기 껍질, 동물 가죽, 풀 섬유로 만든 것이었다. 어깨에 걸치는 가운 형태의 상의와 '소브고마 오타(собгома ота)'라는 물고기 껍질로 만든 신발이 있다.

나나이인의 여름철 이동 수단은 통나무를 파거나 자작나무 껍질이나 판자를 이어 만든 다양한 형태의 배다. 가장 오래된 형태는 '온니마그다(оннимагда)' 또는 '운투구(унтугу)'라 불리는 통나무를 파서 만든 배다. 좌우에 노를 달아 저어 움직였고 물결을 거슬러 올라갈 때는 장대를 이용했다고 한다.

겨울의 주요 이동 수단은 스키였다. '투네푼(тунэпун)'은 지팡이 겸 활을 스키 스틱처럼 사용했고, 다른 한쪽 끝은 삽처럼 되어 있어 스키에 붙은 눈을 긁을 때 사용했다. 무거운 물건은 손으로 끄는 썰매나 개 또는 순록이 끄는 썰매를 이용했으며 우수리강과 쑹화강 유역의 나나이인은 물건을 운

반하는 데 말을 사용했다.

나나이인의 종교와 전통 신앙

나나이인의 신앙은 애니미즘과 샤머니즘에 기반을 두고 있다. 그들은 하늘, 땅, 물, 숲 등 자연물에 인간의 생활과 운명에 영향을 주는 정령들이 존재한다고 믿었으며 호랑이와 곰을 숭배했다. 우수리 지역의 나나이인은 호랑이에 대한 큰 경외심을 갖고 있어 호랑이를 죽이는 것을 금기시했다. 반면 아무르강 하류의 나나이인은 곰을 숭배했다고 한다. 또한 타이가 숲속의 특별한 나무에게 절을 하며 기도를 올리고 다양한 귀신들과 쉽게 접촉할 수 있도록 동물이나 인간 형상을 만들어 집 안에 두었다. 제비는 하늘과 가까운 복을 주는 새로 여겼고 곤충류, 도마뱀과 뱀은 사악한 귀신이 들어 있는 영물이라고 생각했다.

샤먼은 질병을 치료하고, 미래를 예언하며, 죽은 자의 영혼을 저승으로 인도하는 역할을 담당했다. 명칭도 각기 달라 질병 치료를 주로 하면 '시우린쿠 샤먼', 질병과 제례를 담당하면 '니그만테이 샤먼', 죽은 자의 영혼을 저승으로 인도하면 '카사 샤먼'으로 불렀으며 그중 '카사 샤먼'은 남자들만 될 수 있었다.

장례는 친척들이 참석한 가운데 치러지는데 죽은 후 2~3일 지나 매장했다. 특이한 점은 죽은 자의 영혼이 7일 동안 생전 자신이 생활한 모든 곳을 둘러보기 때문에 장례 참석자들은 7일 밤을 잠을 자지 않았다고 한다. 고인이 남자인 경우는 관 속에 도끼, 칼, 솥, 접시 등을, 여자의 경우는 가위를 넣어 주었다고 한다. 또한 사냥꾼과 어부의 무덤에는 석궁, 스키 또는 그물 짜는 도구를 함께 매장했다. 저승 세계인 '부니(буни)'는 서쪽에 있지만 그곳에 도달하는 길은 여러 갈래가 있는데, 종족마다 다르다고 여겼다.

아이가 태어나면 큰 잔치를 벌이는데 특히, 쌍둥이를 숭배하는 '아다우(адау)' 관습에 따라 쌍둥이는 타이가의 신 또는 물의 신의 선물로 여겼다. 쌍둥이가 태어나면 마을 사람들이 언행을 삼가면서 아이가 무사하기를 기원했으며 평생 '신성한 사람'으로 생각했고 쌍둥이 중 한 사람은 타이가 동물을 지배하는 초인적 힘을 가진 사람으로, 다른 한 사람은 물의 신의 비호를 받는 사람으로 여겼다. 악령이 아이들에게 가까이 가지 못하도록 모닥불을 피우고 진달래 가지와 잎을 태웠다고 한다.

우리나라에 처음으로 소개되는 나나이인의 설화 열여섯

편을 통해서 우리에게 생경한 시베리아 소수민족인 나나이인의 세계관과 전통 문화가 알려지는 계기가 되기를 기대해 본다.

옮긴이에 대해

홍정현은 한국외국어대학교 노어과를 졸업하고 모스크바대학교에서 <품사적 범주로서 대명사 특성 연구>로 석사학위를 <현대 러시아어 부정대명사의 텍스트론적 기능>으로 박사학위를 받았다. 경희대학교 비교문화연구소에서 러시아 여성문학과 미드컬트를 연구했고 청주대 한국문화연구소에서 북아시아 원형스토리 발굴과 번역 프로젝트 팀에서 연구원으로 활동했으며 현재 한국외대, 을지대 등에서 러시아어를 강의하고 있다. 역서로는 ≪러시아 여성의 눈≫(공역), ≪러시아 추리작가 10인 단편선≫(공역)과 ≪북아시아 설화집 6(투바족, 하카스족)≫ 등이 있다.

나나이인 이야기

작자 미상
옮긴이 홍정현
펴낸이 박영률

초판 1쇄 펴낸날 2018년 11월 13일

지식을만드는지식
02880 서울시 성북구 성북로 5-11 (성북동1가 35-38)
전화 (02) 7474 001, 팩스 (02) 736 5047
출판등록 2007년 8월 17일 제313-2007-000166호
전자우편 zmanz@commbooks.com
홈페이지 www.commbooks.com

ZMANZ
5-11, Seongbuk-ro, Seongbuk-gu, Seoul, 02880, KOREA
phone 82 2 7474 001, fax 82 2 736 5047
e-mail zmanz@commbooks.com
homepage www.commbooks.com

ISBN 979-11-288-3122-5
979-11-288-3123-2(큰글씨책)
979-11-288-3124-9(PDF 전자책)

책값은 뒤표지에 있습니다.

문학

한국 ≪포의교집≫ 외

일본 ≪바다에서 사는 사람들≫ 외

고대 그리스 ≪히폴리투스≫ 외

독일 ≪길쌈쟁이들≫ 외

스페인 ≪위대한 술탄 왕비≫ 외

유럽 ≪로칸디에라≫ 외

중남미 ≪네루다 시선≫ 외

중국 ≪서상기≫ 외

아시아 ≪물고기 뼈≫ 외

영국/미국 ≪빨래≫ 외

프랑스 ≪홍당무≫ 외

러시아 ≪유리 나기빈 단편집≫ 외

아프리카 ≪아딜리와 형들≫ 외

퀘벡 ≪매달린 집≫ 외

예술

미술 ≪예술에 관한 판타지≫ 외

연극 ≪풍자화전≫ 외

한국문학선집

한국문학의 어제와 오늘을 총정리하는 사상 초유의 기획

초판본 한국소설문학선집

한국 근현대문학 120년, 대표 작가 120명의 작품집 101권

초판본 한국시문학선집

한국 근현대문학 120년, 작고 시인 101명의 작품집 99권

한국문학평론선집

한국 대표 문학평론가 50인의 평론집 50권

한국수필문학선집

한국 대표 수필가 50인의 수필집 50권

한국희곡선집

문학성과 공연성이 입증된 한국 대표 희곡 100권

한국 대표 시인의 육필시집

한국 시단을 주도하는 시인들이 직접 쓴 시집 80권

한국동화문학선집

한국 아동문학사에 기록될 동화작가 120명의 작품집 100권

한국동시문학선집

한국 동시의 역사이자 좌표, 동시작가 111명의 작품집 100권

단행본

≪고려 후기 한문학과 지식인≫ 외